Carsten Gerz / Wolfgang Gerz
Gefangen im eigenen Land

RHEIN
MOSEL
VERLAG

5. Auflage 2026
RHEIN-MOSEL-VERLAG
Bundesbahnhof 1, 56859 Bullay / Mosel
Deutschland
Tel.: 06542 / 5151
E-Mail: rhein-mosel-verlag@t-online.de
www.rhein-mosel-verlag.de

ISBN 978-3-89801-069-6
Ausstattung: Cornelia Czerny
Lektorat: Gabriele Korn-Steinmetz
Umschlagfoto: Lager Rheingönheim
(Stadtarchiv Ludwigshafen, Nr. 21932)

Carsten Gerz / Wolfgang Gerz

Gefangen im eigenen Land

Deutsche Kriegsgefangene
in den
Rheinwiesenlagern von Rheinland-Pfalz

RHEIN-MOSEL-VERLAG

Inhaltsübersicht

Vorwort des Verlegers

Die Geschichte der Rheinwiesenlager in Rheinland-Pfalz ist das Thema dieses Buches – ein Thema über das bei uns jahrzehntelang nicht gern gesprochen wurde. In der Nachkriegszeit wohl um die herrschenden Besatzer und später die neu gewonnenen alliierten Freunde nicht zu verärgern. Zum Teil aber auch aus Scham all jener, die mit dem Hochmut der »Herrenrasse« der Welt den »totalen Krieg« erklärten und nun buchstäblich im Dreck saßen und eine erniedrigende Behandlung erlebten. Die Rheinwiesenlager sind Teil unserer Geschichte, sind Teil dieses entsetzlichen Zweiten Weltkriegs, in dem Deutschland seine Nachbarstaaten überfiel und unendliches Leid über Europa brachte.

Verlag und Autoren wollen in diesem Buch einen Überblick über die von den amerikanischen Streitkräften 1945 in unserer Region eingerichteten Kriegsgefangenenlager geben. Es ging nicht darum neue Forschungen anzustellen, sondern aus den Archiven und aus vorhandenen Publikationen über einzelne Lager ein Gesamtbild zu erstellen. Dabei half es den Autoren, dass sie im familiären Umfeld einen Zeitzeugen fanden, der als Gefangener sowohl das Lager Bretzenheim als auch das Lager Sinzig erlebt hat und mit seinen Erinnerungen deren Arbeit unterstützen konnte.

Die Zustände in vielen Rheinwiesenlagern waren, vor allem am Anfang, katastrophal. Es ist unbestritten, dass Tausende an Hunger und Krankheiten starben. Aber man sollte auch die Zeit und die Umstände nicht außer Acht lassen. So hatten zum Beispiel die amerikanischen Soldaten, die die Kriegsgefangenen bewachen mussten, noch kurz vorher bei der Ardennen-Offensive erleben müssen, wie ihre Kameraden nach der Gefangennahme von den Deutschen einfach erschossen wurden.

Die Zahl der Toten in den Rheinwiesenlagern wurde heftig diskutiert. Den gigantischen pauschalen Hochrechnungen eines James Bacque muss man die detaillierten Einzeluntersuchungen der Lager gegenüberstellen, die zwar auch Tausende von Toten ergeben, aber im Verhältnis zu den hunderttausenden Gefangenen im einstelligen Prozentbereich bleiben – drei bis acht Prozent. (Die Todesrate bei den sowjetischen Kriegsgefangenen in deutschen Lagern lag bei über fünfzig Prozent.)

Die Beschäftigung mit dem Krieg und mit den Rheinwiesenlagern macht die Bedeutung des ersten Artikels unseres Grundgesetzes besonders deutlich: *»Die Würde des Menschen ist unantastbar. Sie zu achten und zu schützen ist Verpflichtung aller staatlichen Gewalt.«*

Arne Houben

Auflistung der Rheinwiesenlager von 1945
im heutigen Rheinland-Pfalz
mit US-Bezeichnungen und Belegungszahlen

Lagername	US-Bezeichnung	Belegung ca.
Remagen	A 2	170.000
Sinzig	A 5	116.000
Miesenheim	A 14	85.000
Andernach	A 11	40.000
Urmitz	A 13	0
Lützel	A 10	80.000
Siershahn	A 18	40.000
Diez	A 19	35.000
Dietersheim	A 8	100.000
Bretzenheim	A 6	109.000
Biebelsheim	A 7	56.000
Bad Kreuznach	A 3	90.000
Heidesheim	A 12	80.000
Mainz-Hechtsheim	A 17	25.000
Rheingönheim	C 2	80.000
Böhl-Iggelheim	C 1	48.000
Gesamtbelegung		1.154.000

Die »Rheinwiesenlager« von 1945 im heutigen Rheinland-Pfalz

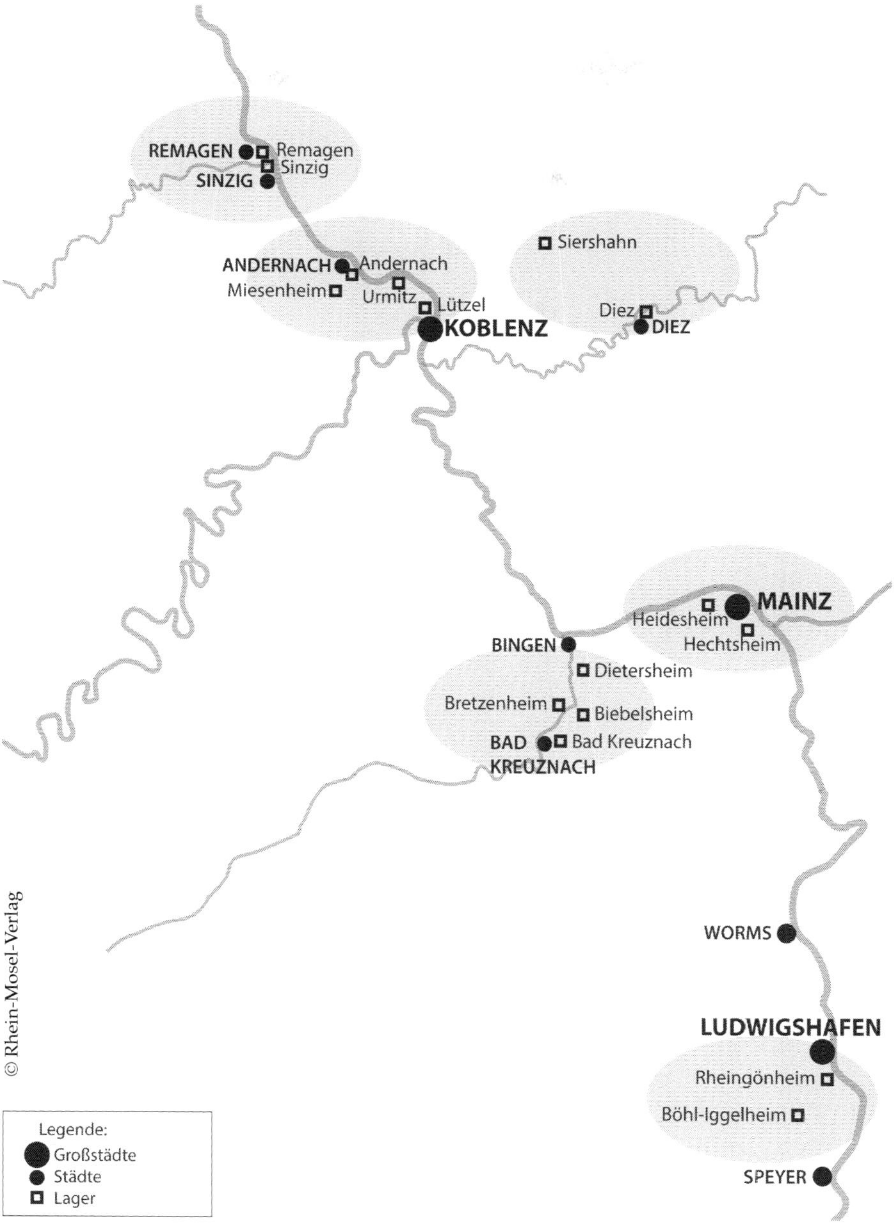

Mir arme Jecke –
Mir sitze nu im Neuwieder Becke,
vor Dorscht mir bald verrecke!
Wat soll dat nu bezwecke?

Reim eines
unbekannten Gefangenen

Es ist amüsant sich in Erinnerung zu rufen,
dass wir unsere Revolution zur Verteidigung
der Menschenrechte erkämpft haben
und den Bürgerkrieg,
um die Sklaverei abzuschaffen
und jetzt sind wir auf beide Grundsätze zurückgefallen.

George S. Patton, 1945
General der US-Army

1. Einleitung

Mit der »Operation Nordwind« endete am 25. Januar 1945 die letzte deutsche Offensive an der Westfront. Die Deutschen hatten keine Ressourcen mehr, um den Vormarsch der Alliierten ins Reich zu bremsen. Der deutsche Widerstand war zusammengebrochen und das Ende des nationalsozialistischen Terrorregimes war nur noch eine Frage von Wochen. Am 4. Februar 1945 legten Stalin, Churchill und der todkranke Roosevelt auf der Konferenz von Jalta die Grundlagen für eine neue Weltordnung fest. Als »Vereinte Nationen« wollte man in Zukunft über den Frieden in der Welt wachen. Der handlungsunfähige Völkerbund, bei dem alle Beschlüsse einstimmig gefällt werden mussten, sollte durch einen Sicherheitsrat ersetzt werden, in dem die fünf mächtigsten Nationen der Weltgeschichte in Zukunft über das Schicksal aller das letzte Wort haben würden.

Das besiegte, in immer größer werdendem Tempo kollabierende Reich Adolf Hitlers stand vor dem Ende. Circa 18,2 Millionen Soldaten mussten ihr Leben lassen. Nicht genug damit, am Ende wurden auch noch Kinder und Greise in die Schlacht geschickt. Jedoch die Kapitulation der deutschen Divisionen war nicht mehr aufzuhalten, auch nicht gegen ausdrücklich ausgesprochene Durchhaltebefehle.

Bis zum Ende des Krieges hatte Amerika mehr als drei Millionen deutsche Kriegsgefangene gemacht. Die amerikanische Heeresführung, die auf eine solch hohe Zahl nicht vorbereitet gewesen war, stand vor der schier unlösbaren Frage: Was tun mit so vielen Menschen und wohin damit?

Einen Großteil der Gefangenen internierten die Befreier in den so genannten Rheinwiesenlagern. Ihrem Schicksal widmet sich dieses Buch.

Kaum eine historische Begebenheit wird von der extremen Rechten so vereinnahmt und verfälscht wie die Geschichte der Rheinwiesenlager. Bedauerlicherweise zeigte aber auch die demokratische Mitte augenscheinlich wenig Interesse an diesem Thema, und auch die Fachhistoriker hielten sich über Jahrzehnte auffallend zurück.

Der Kanadier James Bacque hat mit seinem erstmals 1989 erschienenen Buch »Der geplante Tod« ein Tabu gebrochen. Allerdings hat er mit seiner Darstellung – willens oder nicht – der extremen Rechten in die Karten gespielt, indem er behauptete, bis zu einer Million deutscher Kriegsgefangener seien gezielt in den Rheinwiesenlagern ums Leben gebracht worden. Dass diese Zahlen unhaltbar sind, wird dieses Buch im Folgenden aufzeigen. Es ist aber unbestritten Bacques Verdienst, dass er mit seiner Publikation die Rheinwiesenlager in den Fokus der öffentlichen Betrachtung gerückt hat.

Das vorliegende Buch will Aufklärung leisten. Dabei wird berücksichtigt, dass es lange gedauert hat, bis sich die deutsche Bevölkerung die eigene Schuld an den Kriegsverbrechen der Jahre 1939-1945 eingestanden hat. Das zunehmend differenzierte Geschichtsbild, das sich in der Zwischenzeit entwickelt hat, klammert weder die eigene Schuld noch die der Anderen, also der heutigen Verbündeten und damaligen Feinde, aus. Auch die Autoren des vorliegenden Buches erachten es als selbstverständlich, dass diejenigen, die Europa von den Nationalsozialisten befreiten, die richtige Entscheidung trafen, als man dem NS-Terror ein Ende bereitete.

Allerdings gilt es als unbestritten, dass die Alliierten hinsichtlich der Rheinwiesenlager gegen die Genfer Konvention verstießen, die die Behandlung und Rechte der Kriegsgefangenen festlegen. Das schmälert jedoch nicht ihr Engagement bei der Wiederherstellung der Zivilisation nach dem Ende einer mitleidlosen Ära entmenschlichten Massensterbens. Es fällt lediglich ein kleiner Schatten auf ihr ansonsten großes Engagement.

Für die Mitarbeit an diesem Buch bedanken wir uns besonders bei den Eheleuten Ute und Wolfgang Spietz (Bretzenheim) und Frau Irma Nonnenmacher (Böhl-Iggelheim). Unterstützung leisteten die Kommunalarchive in Mainz, Bingen, Ludwigshafen, Siershahn, Koblenz sowie das Landeshauptarchiv Koblenz. Wertvolle Hinweise gaben Walter Häring (Urmitz) und Arno Baumann (Diez).

2. Die Westfront 1944/45

Der Anfang vom Ende im Westen kam für die deutsche Wehrmacht mit der Landung der Alliierten in der Normandie am 6. Juni 1944. Zwar standen den Alliierten noch 54 Divisionen gegenüber, davon zehn Panzerdivisionen, doch die rund 850.000 deutschen Soldaten waren dem Gegner insbesondere beim Material und in der Luft völlig unterlegen. Infanteriedivisionen waren schlecht motorisiert; Panzerdivision wurde genannt, wenn 100 Panzer einsatzbereit waren. Eine deutsche Luftaufklärung existierte nicht mehr.

Nach anfänglichen Problemen kamen die Alliierten in der Normandie relativ schnell voran, auch wenn beispielsweise um Caen wesentlich länger gekämpft wurde als die US-Armee intendiert hatte. Am 26. Juni wurde Cherbourg eingenommen und am 19. Juli gaben die Deutschen Caen schließlich auf. Die materielle Überlegenheit der Alliierten steigerte sich zur Übermacht und demontierte jeden deutschen Widerstand, sobald dieser sich regte. Zudem startete man am 15. August 1944 eine zweite Invasion in Südfrankreich. Am 25. August wurde Paris von den Deutschen befreit. Der Befehl Hitlers, die Stadt völlig zu zerstören, wurde nicht ausgeführt. Am 3. September konnten Brüssel und am 4. September Antwerpen eingenommen werden.

Es dauerte aber noch bis zum 21. Oktober, bis mit Aachen auch die erste deutsche Stadt befreit war. In der Folge kam es in Euskirchen, Düren und Jülich zu schweren Zerstörungen. Im Süden konnte die US-Army am 22. November die Städte Metz und Straßburg einnehmen.

Mitte Dezember startete die deutsche Armee ihre Ardennenoffensive. Doch das Ziel, die gegnerischen Linien zu spalten und nach Belgien vorzustoßen, wurde verfehlt. Auf beiden Seiten kam es nochmals zu großen Verlusten. Der gleichzeitige Zusammenbruch an der Ostfront führte zu einer weiteren Verknappung an Menschen und Material im Westen.

Zwischen dem 19. Januar und 9. Februar nahmen die Alliierten das gesamte Elsass und weiter nördlich das Rur-Dreieck zwischen Roermond, Sittard und Heinsberg ein. Am 7. Februar starteten die Amerikaner und ihre Verbündeten zum Sturm auf den Rhein. Bereits am 8. Februar gelang die Überquerung der Rur und auch bei der Schlacht im Reichswald (7. bis 22. Februar 1945) konnten die Deutschen die überlegenen gegnerischen Truppen nicht aufhalten. Am 7. März schließlich erreichte die US-Armee Remagen mit der legendären Rheinbrücke. Die Brücke war zwar beschädigt, ließ aber trotzdem noch den Ausbau eines Brückenkopfes auf der rechten Rheinseite zu. Am 13. März traten sieben Infanterie- und zwei Panzerdivisionen der 3. US-Armee zwischen Trier und Koblenz zum Angriff auf die deutsche Moselverteidigung an. In zehn Stunden war die Mosel überwunden und nach einer Woche stand man an der Nahe, in Mainz, Worms und Ludwigshafen.

Am 22./23. März gelang den Amerikanern auch bei Oppenheim in Rheinhessen die Überquerung des Rheins. Die Truppen stießen ins hessische Ried vor, das nach schweren Kämpfen am 24. März 1945 erobert wurde. Einen Tag später kapitulierte Darmstadt. Die Eroberung des Ruhrgebiets begann am 23. März mit dem Übergang des Rheins bei Wesel. Die marginale deutsche Gegenwehr kannte auch hier nur eine Richtung: zurück. Schon am 1. April war die Heeresgruppe B unter Feldmarschall Model im Ruhrkessel eingeschlossen. Am 18. April ergab sich die Heeresgruppe; Model beging Selbstmord und tausende deutscher Landser traten den Weg in die Gefangenschaft an.

3. Das Ende des Krieges im Westen

Ende 1944/Anfang 1945 drängten die Alliierten die deutschen Verbände im Westen stetig zurück. Als ab Februar 1945 die deutsche Armee fast völlig überrollt wurde, gerieten innerhalb weniger Wochen Tausende deutscher Soldatenen in Gefangenschaft. Am 7. März fiel der US-Armee die noch tragfähige Rheinbrücke von Remagen in die Hände. Die Amerikaner hatten die andere Rheinseite erreicht und kamen nun rasend schnell voran. Am 18. März fiel Koblenz.

Die US-Armee samt ihrer Verbündeten wurde der Masse der gefangenen Soldaten kaum noch Herr. Nach dem Scheitern der Ardennenoffensive und der Eroberung des Rheinlandes gingen etwa 250.000 deutsche Soldaten in die Gefangenschaft. Mit der Zerschlagung des Ruhrkessels kamen nochmals rund 300.000 hinzu. Die Zahl der Kriegsgefangenen in US-Gewahrsam erhöhte sich Anfang 1945 bis zur deutschen Kapitulation von etwa 300.000 auf 3,4 Millionen. Ende Mai 1945 befanden sich nach amtlichen US-Berichten 6.155.468 Deutsche in anglo-amerikanischer Gefangenschaft. Nach Arthur Lee Smith waren davon 2.057.138 reguläre Kriegsgefangene und 4.098.330 DEF (siehe hierzu Abschnitt 4). Smith berichtet aber auch von späteren deutschen Zählungen, wo man auf 7.745.000 Gefangene im Westen kommt (3.097.000 in US, 3.635.000 in britischem Gewahrsam). Die Sowjetunion beziffert die Zahl ihrer deutschen Kriegsgefangenen auf 3.180.000. Dabei hatte die US-Armee noch Anfang 1945 lediglich 60.000 deutsche Kriegsgefangene eingeplant (Schweitzer, 1998, S. 24). Dies macht deutlich, wie weit Planung und Wirklichkeit auseinanderklafften.

Der ursprüngliche Plan der Alliierten sah vor, die Häftlinge nach England zu schaffen, um sie dort zu versorgen. Später sollten sie in Lager nach Nordfrankreich gebracht werden. Doch diese Pläne waren mit dem desaströsen Scheitern der deutschen Ardennenoffensive bloß noch Makulatur. Um aber dem Millionenheer kriegsmüder Bauernsöhne und Fabrikarbeiter Herr zu werden, bedurfte es einer entsprechenden Logistik. Aufgrund der schieren Anzahl der Inhaftierten erschien es geeigneter, die Gefangenen in Deutschland festzusetzen. Daher errichtete man in aller Eile etwa zwanzig Kriegsgefangenenlager entlang des Rheins. Die Möglichkeit, zurück ins verbliebene Reichsgebiet zu fliehen und im Untergrund Widerstand zu leisten, erschwerte man durch Anlage der Lager am linken Flussufer. (Später gab es auch Ausnahmen in Diez oder Siershahn). Diese Lager entstanden beim schnellen Vorrücken auf der rechten Rheinseite. Die offizielle Bezeichnung lautete »Prisoner of War Temporary Enclosures« (Durchgangslager).

Im Jahr 1943 hatten sich die USA und Großbritannien darauf verständigt, jeweils die Hälfte der deutschen Gefangenen zu übernehmen. Diese Rahmenbedingungen galten auch noch 1945. Als aber die Alliierten den Rhein überschritten hatten, stieg die Zahl der Gefangenen in einem solchen Maß an, dass die Briten sich außerstande sahen, sich an die Vereinbarung zu halten. Die USA übernahmen daher zunächst alle Gefangenen und legten damit den Grundstein für die Katastrophe der Rheinwiesenlager.

Bei realistischer Betrachtungsweise ist festzustellen, dass die US-Armee die aufkommenden organisatorischen Probleme auch bei bestem Willen kaum zufriedenstellend lösen konnte. Dies bestätigt u.a. die Arbeit von Mark Schweitzer (1998, S. 1), der die Ansicht vertritt, die US-Armee *»verfügte zu diesem Zeitpunkt nicht über die notwendigen Mittel, um die große Zahl deutscher Gefangener gemäß den Vorgaben der Genfer Konvention zu behandeln.«*

Dass sich der »gute Wille« in gelegentlich engen Grenzen hielt, muss in Anbetracht der inzwischen bekannt gewordenen KZ-Gräuel und einer, aus Sicht der GI »Gesamtschuld des deutschen Volkes« nicht verwundern. So sieht es auch der Autor Kurt W. Böhme in seinem Buch »Die deutschen Kriegsgefangenen in amerikanischer Hand«. Hinzu kam eine wohl nicht zu leugnende Siegermentalität gepaart mit den Erfahrungen der letzten Kriegsmonate. Viele US-Soldaten hatten kein Verständnis für den subjektiv und objektiv unsinnigen deutschen Widerstand. Obwohl der Krieg längst entschieden war, verloren die Amerikaner vor allem im Kampf um die Ardennen noch viele Soldaten. Woraus sich beim weiteren Vorrücken ein überzogenes Sicherheitsbedürfnis entwickelte, was ebenfalls zur leidvollen Entwicklung in den Rheinwiesenlagern beitrug.

4. Kriegsgefangene oder DEF?

Die Abkürzung DEF (Disarmed Enemy Forces) steht für entwaffnete feindliche Streitkräfte und ist völkerrechtlich nicht eindeutig definiert. Als DEF wurden diejenigen deutschen Soldaten eingestuft, die nach der bedingungslosen Kapitulation vom 8. Mai 1945 von den US-Streitkräften gefangen gesetzt wurden. Es ist also durchaus ein Unterschied zu den Soldaten gegeben, die im Kriegszustand – also bis zum 8. Mai – in Gefangenschaft gerieten. Diese werden als POW (Prisoner of War) bezeichnet. Man kann von der Sprachregelung her der Unterscheidung DEF / Kriegsgefangener durchaus einen Sinn abgewinnen. Über die Sinnhaftigkeit einer unterschiedlichen Behandlung in der Praxis lässt sich jedoch streiten. Zumindest aber rechtfertigte die DEF-Einstufung tausender deutscher Inhaftierter nicht deren Behandlung in den Rheinwiesenlagern.

Der DEF-Status geht in seiner Entstehung wohl auf amerikanische Pläne zurück. General Eisenhower soll eine solche Einstufung gefordert haben. Dies geht aus einem von ihm gezeichneten Schreiben vom 10. März 1945 hervor. Hier heißt es:

> *»Obwohl die Absicht besteht, die Verantwortung für die Ernährung und sonstige Versorgung aller Kriegsgefangenen der Alliierten und der verschleppten Personen den deutschen Behörden zu übertragen, wird damit gerechnet, dass diese Aufgabe in dem wahrscheinlich herrschenden Zustand des Chaos ihre Möglichkeit überschreitet und dass die Alliierten vor der Notwendigkeit stehen werden, sehr große Mengen an Nahrungsmitteln bis zu deren Repatriierung bereitzustellen. Die Versorgungsverpflichtung, die mit der Erklärung der deutschen Streitkräfte zu Kriegsgefangenen verbunden ist und die die Bereitstellung von Rationen in einem Ausmaß erforderlich machen würde, die dem Bedarf der eigenen regulären Truppen entspricht, würde sich als weit jenseits der Möglichkeiten der Alliierten erweisen, selbst wenn alle deutschen Quellen angezapft würden. Darüber hinaus wäre es nicht wünschenswert, den deutschen Streitkräften Rationen zuzuteilen, die weit über das für die Zivilbevölkerung verfügbare Maß hinausgingen. Nach dem VE-Day, dem Tag des Sieges in Europa, würden eingebrachte Gefangene als DISARMED ENEMY FORCES (DEF) bezeichnet werden bis ihre Entlassung unter Verwaltung und Versorgungspflicht der deutschen Wehrmacht unter Aufsicht durch alliierte Streitkräfte vollzogen ist.«*

Die Botschaft endet mit den Worten: *»Es wird um Ihre Zustimmung gebeten. Bestehende Pläne sind auf dieser Basis ausgearbeitet worden.«*

Dieser Vermerk macht zum einem deutlich, dass der DEF-Status aus der Not heraus geboren war und nicht einer böswilligen Siegermentalität entsprach. Selbst die im Vergleich zu Deutschland blendend ausgestattete US-Army war mit der Versorgung der Unmenge deutscher Gefangener überfordert. Zum zweiten ist die Vorlage des späteren amerikanischen Präsidenten zeitlich auf den »Tag des Sieges in Europa« fixiert; also auf den 8. Mai 1945. Die Verpflegung der DEF war an die, ebenfalls durch die USA zu versorgenden, ehemaligen NS-Zwangsarbeiter angelehnt und entsprach etwa 1.500 Kalorien pro Tag. Die Lebensmittelrationen der deutschen Zivilbevölkerung im Frühjahr 1945 lagen im Vergleich bei ungefähr 1.000 Kalorien. Als DEF deklarierte deutsche Einheiten sollten organisatorisch intakt gehalten und als Arbeitskräfte für die amerikanische Armee eingesetzt oder an andere Alliierte überstellt werden.

Dass der DEF-Status eine Voraussetzung für die katastrophale Situation in den Rheinwiesenlagern war, ist umstritten und wird von zahlreichen Wissenschaftlern verneint. Die meisten Inhaftierten in den Rheinwiesenlagern waren als reguläre Kriegsgefangene eingestuft. Schließlich kam die Mehrheit von ihnen vor dem 8. Mai 1945 in amerikanische Hände. Dass sich in den Lagern auch Personen befanden, für die der DEF-Status galt, ist nicht zu bestreiten, allerdings wurden SS-Angehörige sowie verdächtige Personen grundsätzlich nicht als DEF eingestuft.

Bereits in den Kämpfen in Nordafrika und Mitte 1944 in Italien fielen den alliierten Streitkräften tausende deutscher Kriegsgefangener in die Hände. Man brachte sie größtenteils nach England, Kanada oder in die USA. Sie wurden fast alle, den Vorschriften der Genfer Konvention entsprechend, gut untergebracht, ausreichend verpflegt und versorgt. Viele Kriegsgefangene schilderten ihre dortigen Erlebnisse fast euphorisch und lobten die Bedingungen in den Lagern überschwänglich. Das änderte sich aber wohl rapide, als im Frühjahr 1945 die deutschen Linien an der Westfront durchstoßen wurden. Über die Gründe ist vielfach spekuliert worden. Ein betroffener deutscher Soldat vertrat die Ansicht, dass die Amerikaner sehr aufgebracht waren, weil die Deutschen ihnen noch so viele Opfer abforderten, obwohl der Krieg – aus US-Sicht – längst entschieden war. Der Kriegsgefangene Heinz Bucher führt aus:

»Deutsche Soldaten, die noch in den letzten Tagen des Krieges in Gefangenschaft gerieten, bekamen dies zu spüren. Um militärische Geheimnisse zu erfahren, wurden sie nach ihrer Gefangennahme in den USA zum Verhör in Gefäng-

nissen teils mit Kriminellen untergebracht. Bei Aussageverweigerung wurde gefoltert, getreten und mit Gummiknüppelschlägen den Gefangenen so lange zugesetzt, bis sie blutend zusammenbrachen. Es wurde keine Rücksicht mehr genommen. Erst wenn der Vernommene aufgab, überstellte man ihn einem Kriegsgefangenenlager.«

(Quelle: Bucher, Kriegsgefangenenlager in der Umgebung von Bingen, 1991)

Der Status DEF wurde von der amerikanischen Armeeführung im Frühjahr 1946 wieder abgeschafft und durch »Kriegsgefangener« ersetzt. Aus deutscher Sicht gebietet sich eine gewisse Zurückhaltung hinsichtlich der Kritik an dieser Einstufung, behandelten doch die Deutschen die gefangenen Italiener in ähnlicher Weise. Smith misst der DEF-Einstufung der Gefangenen in den Rheinwiesenlagern keinen entscheidenden Einfluss auf ihr Schicksal bei. Allgemein ist den als DEF gefangen genommenen deutschen Soldaten daraus keine schlechtere Behandlung erwachsen. Die Situation in den Lagern an Rhein und Nahe war also etwas Besonderes. Es war ein Abweichen von der Regel. Egal ob man als normaler Kriegsgefangener oder als DEF in eines der Lager geriet.

5. Die Lagerinsassen

Auf ihrem schnellen Vormarsch nahmen die Alliierten nicht nur Soldaten in Gewahrsam. Die Internierten setzten sich folgendermaßen zusammen:

- Reguläre deutsche Kriegsgefangene (Prisoners of War), die vor der Kapitulation am 8. Mai 1945 interniert wurden.
- Entwaffnete, feindliche Streitkräfte (DEF nach US-Bezeichnung), bzw. SEP (Surrendered Enemy Personnel nach britischem Sprachgebrauch). Es handelte sich um Gefangene, die nach der Kapitulation in Gewahrsam genommen wurden und für die nicht der Status von Kriegsgefangenen angewendet wurde.
- Angehörige der Waffen-SS. Diese wurden allerdings von den übrigen Gefangenen abgetrennt und später zentral im Lager Bretzenheim interniert.
- Angehörige des Volkssturms.
- Verdächtige Zivilpersonen (Jugendliche, Frauen, Kriegsversehrte und verwundete Soldaten), die meist nach wenigen Tagen wieder entlassen wurden.

Aus heutiger Sicht erscheint vieles unverständlich. Manches erklärt sich jedoch aus den chaotischen Verhältnissen, die in der Endphase des Krieges herrschten, einhergehend mit einer geballten Kombination aus Überforderung und Angst.

Als Erste hat man die Frauen und die Angehörigen der Hitlerjugend entlassen, danach bestimmte Berufsgruppen, die für den Wiederaufbau wichtig waren. In erster Linie Landwirte, Bergarbeiter, Eisenbahnbedienstete und LKW-Fahrer. Aber auch Invaliden, Schwerkranke, ältere Gefangene oder Geistliche wurden bevorzugt nach Hause geschickt. Unter den Internierten befanden sich zahlreiche Zivilpersonen, darunter auch Kinder. Etwa 400 Kinder unter 14 Jahren wurden dem Deutschen Roten Kreuz übergeben.

Besonders die Jugendlichen hatten unter dem Lagerleben zu leiden. Ihre Verzweiflung ist unschwer nachvollziehbar, zumal die vorher so hoch gehandelte Kameradschaftlichkeit in Anbetracht von Hunger, Durst und Kälte schnell dem banalen Bösen der menschlichen Natur wich: Streitereien, Schlägereien und Kameradendiebstahl waren an der Tagesordnung und erzeugten ein Klima der Angst und des Ausgeliefertseins. Es gab allerdings auch vereinzelt ältere Soldaten, die sich den mitunter 13- und 14-jährigen Hitlerjungen schützend annahmen.

Eine Gruppe von Gefangenen, der es einigermaßen gut ging, wurde dafür über die Maßen gehasst: die Angehörigen der deutschen Lagerverwaltung. Von Beginn an hatten die Amerikaner die interne Verwaltung der Lager den Gefangenen selbst überlassen. Es gab zahlreiche Betätigungsfelder. Selbst der jeweilige Hauptlagerleiter war ein deutscher Gefangener. Ihm mangelte es an nichts, so die Aussage eines Betroffenen. Auch die Lagerpolizei, die Campleitungen, die Köche oder Dolmetscher, die Ärzte, Gehilfen oder Arbeitskommandos hatten etliche Vorteile. Entsprechend begehrt waren diese Positionen, versprachen sie doch den Zugang zur Küche. Es wird von wohlgenährten Männern berichtet, die mit Doppelkinn und Stiernacken durchs Lager liefen. Einige Monate vorher hatten sie sich noch auf die Volks- und Schicksalsgemeinschaft germanischer Blutsbrüder eingeschworen. Ein Arzt hatte es gar geschafft, sich einen Harem zu halten, was die Franzosen bei Übernahme der Lager im Juli 1945 feststellten. Bei vielen Gefangenen hat sich der durchaus berechtigte Eindruck verfestigt, dass die deutschen Lagerverwalter ihre eigenen Landsleute schlimmer schikanierten als die Amerikaner.

6. Die Lager

In den so genannten Rheinwiesenlagern brachten die westlichen Alliierten (USA, Großbritannien, Frankreich) vorwiegend deutsche Kriegsgefangene unter. Sie bestanden in der Regel von April bis September 1945. Die vorliegende Untersuchung beschränkt sich auf die entsprechenden Lager in Rheinland-Pfalz. Damit bleiben die Standorte Büderich, Rheinberg, Wickrathberg (alle in Nordrhein-Westfalen) unberücksichtigt. Ebenso unberücksichtigt bleiben die Internierungslager, in denen nach 1945 hauptsächlich Mitglieder der NSDAP untergebracht wurden (beispielsweise Landau und Idar-Oberstein) oder die ab April 1946 betriebenen Entlassungslager (beispielsweise Osthofen und Niederbreisig, heute: Bad Breisig). Dies erklärt auch im Wesentlichen die Diskrepanz zwischen den in dieser Arbeit aufgeführten 16 Lagern zu den von Bertram Resmini in seinem Aufsatz »Lager der Besatzungsmächte in Rheinland-Pfalz« genannten 23 Lagern. Resmini beruft sich dabei auf eine Angabe von Maschke; führt diese Lager aber nicht im Detail auf. Mark Schweitzer spricht in seiner Diplomarbeit von 18 Lagern.

Die Lager entstanden von März bis Juni 1945 und wurden nach einem weitgehend einheitlichen Schema errichtet. Dies gilt allerdings nur für die ursprünglichen linksrheinischen Lagergelände. Am Rande eines Dorfes oder einer Stadt, dort wo in der Regel ein Bahnanschluss vorhanden war, wurde eine offene Fläche abgegrenzt und mit Stacheldraht umzäunt. Da hinein trieb man die Gefangen und überließ sie zumindest anfangs weitgehend ihrem Schicksal. Vorher aber, so wird übereinstimmend immer wieder berichtet, beraubte man sie vielfach ihrer restlichen Habe, die zumeist nur noch aus Armbanduhren und Eheringen bestand. Diesbezüglich soll wieder Heinz Bucher zu Wort kommen:

> *»Armbanduhren und Eheringe der Landser waren die begehrtesten Objekte. Es gab GIs, die ihre Arme vom Handgelenk bis zum Ellenbogen mit Uhren ›schmückten‹. Andere hatten Bindfäden an ihren Uniformen angebracht, an denen 30 bis 40 erbeutete Eheringe baumelten. Jeder der Uniform trug oder sich irgendwie verdächtig machte – Soldaten, Zivilisten, Frauen, selbst Kinder, Kriegsversehrte, Amputierte, Greise – alle wurden in die Lager gebracht. Manche von ihnen wurden geschlagen und getreten.«*
>
> *(Quelle: Bucher, Kriegsgefangenenlager in der Umgebung von Bingen, 1991)*

Das Areal unterteilten die Verantwortlichen mit Masten und Stacheldraht in zehn bis zwanzig Camps, die jeweils Platz für fünf- bis zehntausend Häftlinge boten. Feldwege wurden zu Lagerstraßen umfunktioniert und angrenzende Gebäude dienten der Verwaltung, als Küchen und Krankenstationen. Die Kriegsgefangenen mussten ihre soldatische Feldausrüstung abgeben und waren darum gezwungen, sich Erdlöcher als Schlafstätten zu graben. Mit der Bewachung der Lager war die 106. Infanterie-Division (106th Infantry Division) der US-Armee beauftragt, die auf 40.000 Mann aufgestockt worden war. Zusätzliche zugewiesene Transporteinheiten hatten die Aufgabe, Nahrungsmittel in die Lager zu schaffen. Die Transportkapazität reichte aber bei weitem nicht aus. Mit der Organisation der Lager und der internen Verwaltung war die Division völlig überfordert, weshalb sie fast von Beginn an den deutschen Gefangenen überlassen wurde.

In den Lagern trafen die unterschiedlichsten Menschen aufeinander. Den überwiegenden Teil bildeten Angehörige der Wehrmacht. Ferner fanden sich dort Mitglieder der Hitlerjugend, des Volkssturms sowie Kriegsversehrte, Lazarettinsassen, Rot-Kreuz-Frauen, Flakhelfer usw. Ein Gefangener gewann den Eindruck, dass die Amerikaner *»jeden in das Lager schleppten, der eine Uniform trug«*. Selbst Polizisten wanderten hinter Stacheldraht. Bei den Messerschmittwerken in Regensburg wurde vom Piloten bis zum Pförtner alles in Gewahrsam genommen. Die ausgeteilte Verpflegung war so minimal, dass sich innerhalb weniger Wochen Folgen von Unterernährung zeigten. Die hygienischen Verhältnisse waren unbeschreiblich. Hinzu kam die teilweise schlechte Witterung im Frühjahr 1945.

Zunächst fiel noch Schnee, dann setzte eine lange Regenperiode ein. So wird es zumindest in den Augenzeugenberichten immer wieder dokumentiert. Wer allerdings einen Blick in die meteorologischen Jahrbücher wirft, dem zeigt sich ein etwas anderes Bild. Demnach war zwar der Monatswechsel April/Mai verregnet, das Frühjahr 1945 aber überdurchschnittlich warm und sonnig.

Der Gefangene Fritz Mann berichtet aus dem Lager Sinzig von stellenweise *»tropischen Hitzewellen«* und einer *»geradezu mörderischen Sonne«* (Quelle: Mann, Frühling am Rhein 1945, 1950). Wie ist das zu erklären? Offensichtlich nur damit, dass die seelisch und körperlich angeschlagenen Gefangenen im Nachhinein die Wetterverhältnisse wesentlich schlimmer in Erinnerung behalten haben, als es tatsächlich der Fall war.

Diese subjektive Wahrnehmung wird auch anderweitig spürbar, beispielsweise bei der Angabe der Todeszahlen. Die von Augenzeugen genannten hohen Zahlen entbehren oftmals jeglicher Grundlage. Keinesfalls sollen den Gefangenen wissentliche Falschmeldungen unterstellt werden. Es gilt vielmehr zu berücksichtigen, dass die enormen körperlichen und seelischen Belastungen, gepaart mit der meist erst nachträglichen Aufzeichnung der Geschehnisse, zu einer Verzerrung der tatsächlichen Gegebenheiten führte.

Was bei fast allen ehemaligen Gefangenen in Erinnerung geblieben ist, ist der ständige Hunger. Unbestreitbar ist, dass die Internierten in all den Monaten ihres Eingesperrtseins nie richtig satt wurden. Jedoch verbesserte sich die Verpflegung mit der Zeit. Es wurden Küchen eingerichtet und es wurde warmes Essen ausgegeben. Wohlgemerkt nie in ausreichender Menge. Die Bevölkerung im Umkreis der Lager versuchte zwar zu helfen, doch erstens lebte sie selbst mit einem ständigen Mangel und zweitens war es, in Anbetracht der Vielzahl der Gefangenen, immer nur ein Tropfen auf den heißen Stein.

Auch bezüglich der Hilfe von außen existieren unterschiedliche Schilderungen. Einige Wachen machten sich einen Spaß daraus, diese zu verhindern, andere warfen eigenhändig Päckchen über den Zaun. Bald richteten umliegende Kommunen und Kirchengemeinden eine organisierte Hilfe ein und übergaben der jeweiligen Lagerleitung Lebensmittel, Kleidung und sogar Bücher. Nur wenig davon kam allerdings bei den Gefangenen an.

Zu keiner Zeit und in keinem Lager standen ausreichend Plätze zur Behandlung der vielen Kranken bereit, obwohl man schon bei der Errichtung der Lager die in der Nähe befindlichen Schulen, Krankenhäuser oder auch Lagerhallen zu provisorischen Lazaretten umfunktioniert hatte. Infolge Unterernährung und mangelnder Hygiene waren aber fast alle Inhaftierten als krank einzustufen. So hat man dann nur Schwerstkranke behandelt, oftmals liebevoll aufgepäppelt, um sie dann wieder in das Lagerelend zurückzuschicken. Der Ausbruch von Seuchen konnte durch den DDT-Einsatz weitgehend verhindert werden. Der Gefangene Rudolf Nollmann erwähnt noch die unerträgliche Läuseplage.

Ob auch die Briten indirekt für die katastrophalen Zustände in den Rheinwiesenlagern Verantwortung trugen, kann zumindest nicht außer Acht gelassen werden. Bereits im Februar 1945 rückte die britische Armee von ihrer ursprünglichen Zusage, fünfzig Prozent der Internierten zu übernehmen, ab. Sie war schlichtweg nicht in der Lage, der Anzahl der Gefangenen Herr zu werden. Und so lastete die gesamte Verantwortung auf den US-Streitkräften, womit – wie sich zeigte – auch diese überfordert waren. Schon am 18. September 1944 stellte General Eisenhower fest, dass die Versorgung dieser Masse von Gefangenen ein erhebliches Problem darstellte und im Februar warnte Eisenhower erneut, dass die *»hohen Nachschub-Anforderungen, die sich aus der Gewährung des Kriegsgefangenen-Status ergeben, nicht erfüllt werden können«*.

Unterschiedliche Faktoren führten dann nach der Kapitulation zu einer Verschärfung der Lage. So stieß selbst die technisch bestens ausgerüstete US-Armee hinsichtlich der Transportkapazitäten an ihre Grenzen. Ein Großteil der Nahrungsmittel musste von französischen Atlantikhäfen über weitgehend zerstörte Straßen herangebracht werden. Gleichzeitig galt es, das in

Europa nicht mehr benötigte Kriegsmaterial nach Asien zu schaffen, wo der Krieg noch andauerte. Dadurch kam es zu Versorgungsengpässen bei der eigenen Truppe.

In Europa herrschte allgemeine Nahrungsmittelknappheit und die deutsche Landwirtschaft war nicht einmal in der Lage, die eigene Bevölkerung ausreichend zu versorgen. Es war also aus amerikanischer Sicht kaum möglich und auch in ihrem Sinne nicht vertretbar, die deutschen Gefangenen so zu verpflegen wie die eigene Truppe, die Zivilbevölkerung oder die ehemaligen Zwangsarbeiter. Trotzdem stießen die katastrophalen Zustände in den Lagern auch US-intern auf Kritik. Ein Offizier spricht davon, dass man mit den halbverhungerten Gefangenen umgehe, wie man nicht einmal ein Hund behandeln würde.

In Anbetracht dieser unhaltbaren Zustände begann die US-Armee bereits im Mai mit den Entlassungen. Diese frühzeitigen Entlassungen widersprechen der vielfach geäußerten These, dass die Amerikaner die deutschen Gefangenen mutwillig und vorsätzlich vernichten wollten. Von einem geplanten Tod kann insofern keine Rede sein.

Die alliierten Streitkräfte in Nordwesteuropa boten Frankreich, das an die USA mit der Forderung herangetreten war, 1,75 Millionen Kriegsgefangene als Zwangsarbeiter zu erhalten, die Übernahme der Rheinwiesenlager an. Bis zum 10. Juli 1945 wurden die Lager an die Franzosen übergeben, die Briten hatten die Lager in ihrer Zone bereits bis zum 12. Juni übernommen. Viele Kriegsgefangene wurden nach Frankreich transferiert, soweit sie nicht als arbeitsuntauglich an Ort und Stelle entlassen wurden. Bis etwa Ende September 1945 waren sowohl die britischen, als auch die französischen Lager fast vollständig aufgelöst.

6.01 Das Lager Remagen

6.01.1 Geschichte des Lagers

Das Lager Remagen wurde Mitte April 1945 eingerichtet. Ein genaues Datum war bisher nicht festzustellen. Bereits am 29. April 1945 war es nach US-Angaben mit 163.000 Gefangenen belegt. Es erstreckte sich über die Felder zwischen der südlichen Randbebauung von Remagen bis zur Nachbargemeinde Kripp. Das Lager ist in engem Zusammenhang mit dem Lager Sinzig zu sehen. Es handelte sich aber eindeutig um zwei getrennte Lager, auch wenn die Namen Remagen und Sinzig in diesem Zusammenhang oftmals in einem Atemzug genannt werden. Remagen führte in amerikanischen Unterlagen die Abkürzung A2; Sinzig wurde unter A5 geführt. Beide Lagerstätten sind bekannt geworden unter der sarkastischen anmutenden Bezeichnung »Goldene Meile«. Zwischen Remagen im Norden und Niederbreisig im Süden zogen sich die Lager der »Goldenen Meile« über rund fünf Kilometer hin. Das Lager Remagen reichte in seiner endgültigen Ausdehnung von der Eisenbahnlinie bis an den Rhein. Der Verlauf der ehemaligen Eisenbahnlinie ist in etwa identisch mit dem heutigen Verlauf der B9. Im Norden markierte der Bahndamm zur Remagener Rheinbrücke die Grenze und im Süden die Bebauung der Gemeinde Kripp. Die Römerstraße diente als Lagerstraße und hier befand sich auch das Haupttor für Remagen. Das Lager wurde in mehreren Ausbauphasen erweitert, war mit Stacheldraht umzäunt und in etwa 22 Bereiche unterteilt. Auch die einzelnen Camps

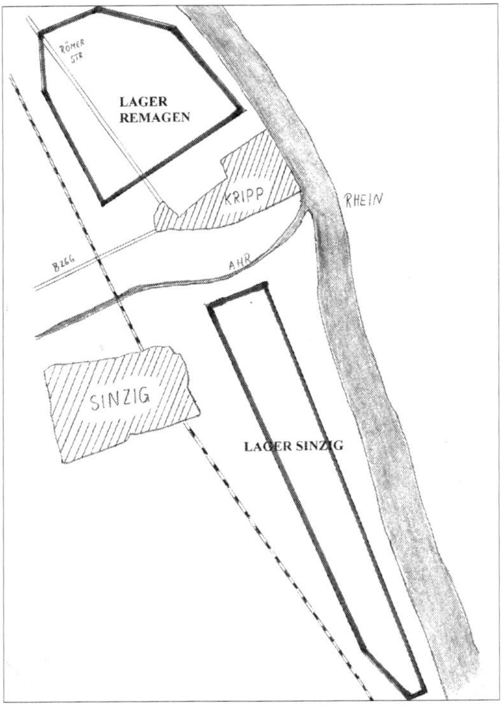

Karte der Lager Remagen und Sinzig (Quelle: Zeichnung Carsten Gerz nach Lageplan im Friedensmuseum Remagen)

Luftaufnahme des Lagers Remagen. (Quelle: www.imgur.com)

waren mit Stacheldrahtzäunen voneinander getrennt. Jedes Camp war mit etwa 5.000 bis 7.000 Gefangenen belegt und hatte einen deutschen Führer.

Mitte April wurde das Lagergelände mit Stacheldraht eingezäunt. Zu diesem Zeitpunkt befanden sich bereits mehrere tausend Gefangene auf dem Gelände. Die Wachmannschaft hatte ihr Quartier in Kripp. Die Gefangenen wurden beim Passieren des Haupttores in Kripp gezählt. Nach Tagen kamen weitere Gefangene in das Lager. Obwohl zunächst alles auf eine längere Belegung hindeutete, wurde etwa zum 1. Juni die Auflösung des Lagers befohlen und die Gefangenen nach Rheinberg und in die Nähe von Koblenz verlegt. Am 19. Juni war die Verlegung beendet und am 20. Juni zog die Wachmannschaft ab. Das Lager war damit aufgelöst; nur das Lazarett bestand weiter. Dieses war in der Kripper Lederfabrik eingerichtet, die unweit der damaligen Reichsstraße 266 ihren Platz hatte.

Das Lager Remagen war nach amerikanischen Unterlagen für 100.000 Mann ausgelegt. Am 29. April 1945 war es bereits mit 163.000 Gefangenen massiv überbelegt. Am 2. Mai wurde die Höchstzahl der Inhaftierten erreicht: 170.000. Danach sank die Zahl der Gefangenen konstant. Am 7. Mai waren es noch 150.000. Für den 8. Mai 1945 wird an anderer Stelle die Zahl von 134.029 Gefangenen genannt. Am 16. Mai zählte man 101.000 und am 31. Mai nur noch 81.000 Gefangene. Alle diese Zahlen entstammen amerikanischen Unterlagen und stimmen sicher nicht in allen Fällen mit der Wirklichkeit überein.

Der schweizerische Generalkonsul Franz Rudolf von Weis hat die Lager zwar nicht persönlich besucht, er hält aber in seinem Tagebuch (Datum 22. Mai 1945) fest, was er diesbezüglich in Erfahrung bringen konnte:

> »*Außerordentlich viele Klagen hört man über die haarsträubenden Zustände in den Kriegsgefangenenlagern. Vor einiger Zeit sind (um Remagen) über 300.000 Gefangene untergebracht worden. Sie müssen im Freien Tag und Nacht kampieren, die meisten ohne Decken, auch bei strömendem Regen, wie wir ihn hier seit Tagen haben. Offiziere und Mannschaften werden nicht getrennt, und ein Arzt, der kürzlich dort war, um einen Familienangehörigen zu treffen, traf auf einen General, der beinahe den Verstand verloren hatte.*«
>
> (*Quelle: Grohs, 1993, S. 57*)

Von Weis sprach über diese Zustände auch mit dem späteren Bundeskanzler Dr. Konrad Adenauer. Dieser war aber schon bei amerikanischen Offizieren in dieser Sache vorstellig geworden.

Unterschiedliche Aussagen liegen zu den Witterungsverhältnissen vor. Während der Gefangene Walter Göbler über täglichen Regen und Kälte klagt, berichtet ein Leidensgenosse von »*tropischen Hitzewellen*«, die sich mit »*frostigen Nächten abwechseln*«. Göbler kam am 20. April 1945 ins Lager Remagen und hat aus der Zeit danach auch eine Begebenheit zu den Latrinen festgehalten:

> »*Der Latrinengraben war durch die Leute, die unter Durchfall litten, schnell auf 15 Meter Breite angewachsen. Dann wurden rund 100 Angehörige von SD und SS zur Beseitigung verpflichtet. Sie mussten den Kot mit bloßen Händen*

in den Graben zurückdrücken. Danach achteten österreichische und deutsch-polnische Hilfspolizisten darauf, dass niemand mehr auf den Rand machte. Notfalls half man mit Schlägen nach.«

(Quelle: Westerwälder Zeitung, 9.4. und 24.5.1995)

Göbler, wie auch der Gefangene Heinrich Dapprich, berichten in ihren Erzählungen in der »Westerwälder-Zeitung« von Verstorbenen, die sie persönlich gesehen haben. Beide vertreten die Ansicht, dass die US-Armee die Gefangenen bewusst verhungern ließ. Und beide berufen sich dabei auf die Bacque-Veröffentlichung »Der geplante Tod«. Ihre Berichte sind jedoch Jahrzehnte nach den Ereignissen verfasst worden. Unterschiedliche Angaben gibt es auch zu den Registrierungen. Während wiederholt davon berichtet wird, das keinerlei Registrierung der Gefangenen erfolgte, kann sich Heinz Dapprich noch nach mehr als 50 Jahren an seine Gefangenennummer erinnern: 31 G 1175103.

Gefangene in Remagen vor ihren Behausungen (Quelle: Herbert Wefer/ Friedensmuseum Remagen)

Gruppenaufnahme von Gefangenen in Remagen. Hinten rechts Herbert Wefer, dem die Aufnahmen aus dem Lager zu verdanken sind. Das Foto entstand am 20. Mai 1945. (Quelle: Herbert Wefer/ Friedensmuseum Remagen)

Die Versorgung der kranken Gefangenen besserte sich erst gegen Ende April. In der ehemaligen Lederfabrik in Kripp stellte die US-Armee weitere Hospitalbetten auf. Aus dem Heer der Gefangenen suchte man zur Unterstützung Ärzte und Sanitäter heraus. Zudem konnten im Krankenhaus Remagen 250 Patienten untergebracht werden. Dies zeigt, dass der US-Armee durchaus an einer Behebung der Zustände gelegen war.

Auch im Umfeld der Lager Remagen/Sinzig erwuchs bald eine Welle der Hilfsbereitschaft. Und dies, obwohl die Bevölkerung selbst kaum ausreichend versorgt war. So bittet beispielsweise der Bürgermeister von Bad Godesberg um Spenden für die Lagerinsassen und nennt in seinem Aufruf auch dringend benötigte Gegenstände wie Decken, Mäntel, Kochgeschirr und Klosettpapier. Er verschweigt aber – wohl auf Druck der Militärverwaltung – die unzureichende Verpflegung. Doch natürlich konnte die zu dieser Zeit selbst bedürftige Bevölkerung nicht ein Lager mit 100.000 Mann ausreichend mit Lebensmitteln versorgen. Zum Lager Remagen zählte auch ein eigenes Frauenlager. Die Frauen litten dabei zunächst unter den gleichen unerträglichen Zuständen wie die Männer. Doch wie die Inhaftierte Lotte Schütz zu berichten weiß, standen nach rund zehn Tagen zumindest für die Frauen ausreichend Zelte zur Verfügung.

Die Versorgungs- und Logistikprobleme der US-Armee, die von deutscher Seite und vor allem vom Autor J. Bacque vehement bestritten werden, offenbaren in anschaulicher Weise eine Aussage des ehemaligen Wachpersonals. Selbst die gut gerüstete und organisierte US-Armee kämpfte mit Versorgungsproblemen. Ja, es mangelte selbst den Wachen an Munition. Diese unhaltbaren Zustände waren nicht gewollt und nicht geplant. Man war schlichtweg nicht darauf vorbereitet, eine solche Masse von Gefangenen zu bewältigen.

Eine genaue Trennung der Lager Remagen und Sinzig hinsichtlich der Sterbezahlen ist fast unmöglich. Kurt Kleemann hat in einem Beitrag zum Jahrbuch für westdeutsche Landesgeschichte (Band 20, 1994) die Lager Remagen und Sinzig aus Sicht kommunaler Aktenbestände betrachtet. Auch er kommt aber zu kaum neuen, geschweige denn gesicherten Erkenntnissen hinsichtlich der Belegungs- und Todeszahlen. Kleemann verweist auf die bekannten Unsicherheiten und die zudem unsichere Quellenlage.

Der Bodendorfer Pastor Czecholinski gibt die Höchstzahl der Gefangenen für Remagen mit 185.000 an. Die Toten des Lagers sind auf dem Ehrenfriedhof in Bad Bodendorf beigesetzt. In der Chronik des Ortes ist vermerkt, dass hier vom 28. April bis zum 15. Juli *»1.090 elend gestorbene Männer beigesetzt«* wurden. Aus dem Lager heraus gab es aber auch Bestattungen auf anderen Friedhöfen (Kripp, Linz, Ittenbach, Sinzig). Schon im Juli 1945 sind von dort

Überführungen in die Heimatorte der Verstorbenen erfolgt. Der Sterblichkeit in den Lagern Remagen/Sinzig widmet Böhme (1972, S. 198 f.) ein eigenes Kapitel. Auch Böhme hält die Angaben von Zeitzeugen von bis zu 50 Toten täglich für wenig zutreffend. Dann wären nämlich in den Monaten April bis Juni etwa 4.500 Gefangene verstorben, was völlig unrealistisch ist. Ein katholischer Geistlicher spricht Ende April von bekannten 100 bis 200 Toten, was den tatsächlichen Gegebenheiten schon näher kommt.

Zeitzeugengespräch

Engelbert May aus Westernohe (Kreis Westerwald) hat aus eigener Erfahrung die Gefangenenlager in Bretzenheim und Remagen/Sinzig erlebt. May wurde am 1. Dezember 1923 geboren und am 4. Mai 1941 zur Wehrmacht eingezogen. Er hatte sich zur Luftwaffe gemeldet, wurde aber wegen Sehschwäche nicht genommen und kam dann zu einer motorisierten Einheit. Er erlebte den 2. Weltkrieg in Frankreich, Dänemark und Finnland.

Als der Krieg endete, befand er sich in der Nähe von Aschersleben. Hier legte er seine Uniform ab und erhielt bei einem Bekannten Zivilkleidung. Von dort aus machte er sich zu Fuß auf den Weg in die Heimat. In der Nähe von Gießen griff ihn eine amerikanische Patrouille auf. Er kam zunächst in ein Gefangenencamp bei Fulda. Von dort kam May am 12. April 1945 in das Lager nach Bretzenheim.

Engelbert May als Soldat der Wehrmacht (Privatbesitz, Aufnahme aus dem Jahr 1941)

Frage: Wie war ihre persönliche Situation bei der Ankunft im Lager?

May: Ich war körperlich intakt; nur sehr schlecht ausgerüstet. Ich hatte nur, was ich am Leib trug und dazu einen Übervorhang als Mantel.

Frage: Wie war die Unterbringung?

May: Am Anfang hat es viel geregnet. Wir lagen auf dem freien Feld und waren der Witterung schutzlos ausgeliefert. Wenn es regnete, habe ich mich auch nachts nicht hingelegt. Ich bin dann solange umhergegangen, bis meine Sachen wieder halbwegs trocken waren.

Frage: Haben sie auch in einem Erdloch gelegen?

May: Es waren eher Gruben als Löcher. Die haben wir mit unserem spärlichen Kochgeschirr mühsam ausgehoben. Die Gruben durften aber nur 30 Zentimeter tief sein. Die Bewacher hatten wohl Angst, dass sich sonst welche unter dem Zaun durchgraben.

Frage: Haben Sie in den Lagern Bekannte getroffen?

May: Ja. Ich habe etliche Bekannte aus den Dörfern des Westerwaldes hier wieder gesehen. Vor allem in Bretzenheim. Ein Mann aber ist mir noch in Erinnerung geblieben, weil der bei uns im Camp auf dem Acker lag, der seiner Familie gehörte.

Frage: Wie war die Verpflegung?

May: Durchweg schlecht. In Bretzenheim haben sich 20 Mann ein Weißbrot geteilt. Dazu gab es mittags einen Becher Rosinensuppe. In Sinzig gab es aber noch weniger zu essen. Da haben wir uns sogar Kartoffelschalen über dem Feuer gebraten. Bei der Entlassung in Bretzenheim standen Hunderte vor einer Baracke an. In der Nähe befand sich ein Acker, auf dem der Weizen etwa 10 bis 15 Zentimeter hoch stand. Wir haben uns auf diese Pflanzen gestürzt und in wenigen Minuten alles abgenagt, was aus der Erde schaute.

Frage: Wie waren die sanitären Verhältnisse?

May: Anlagen gab es nicht. Nicht in Bretzenheim und auch nicht in Remagen/ Sinzig. Es waren Gräben ausgehoben und darüber hatte man Baumstämme gelegt. Da konnte man dann sein Geschäft verrichten.

Frage: Warum wurden Sie von Bretzenheim nach Remagen/Sinzig verlegt?

May: Es hieß, dass Landwirte und Bergarbeiter zuerst entlassen würden. Daher habe ich mich als Landwirt gemeldet. Wir hatten ja zuhause auch eine kleine Landwirtschaft. Anfang Mai wurden wir dann mit dem Zug von Bad Kreuznach nach Koblenz gebracht. Doch es war mit unseren Papieren einiges durcheinander gekommen. Als die Züge hielten, entstand ein fürchterliches Chaos. Einige haben das auch zur Flucht genutzt. Wir mussten dann wieder den Zug besteigen und wurden nach Remagen gebracht.

Frage: Wann wurden Sie dann endgültig entlassen?

May: Am 1. Juni 1945 wurde ich in Sinzig entlassen. Man hat uns mit Bussen in den Westerwald gefahren und in der Nähe von Langenhahn wurden wir ausgeladen. Am nächsten Tag war ich dann zuhause.

Frage: Es wird noch heute sehr kontrovers über die Todeszahlen in den Lagern diskutiert. Haben Sie viele Leichen und Sterbende gesehen?

May: Auch im Lager wurde über die zahlreichen Toten gesprochen. Man hörte immer wieder davon. Ich selbst habe aber weder in Remagen / Sinzig noch in Bretzenheim einen Toten gesehen.

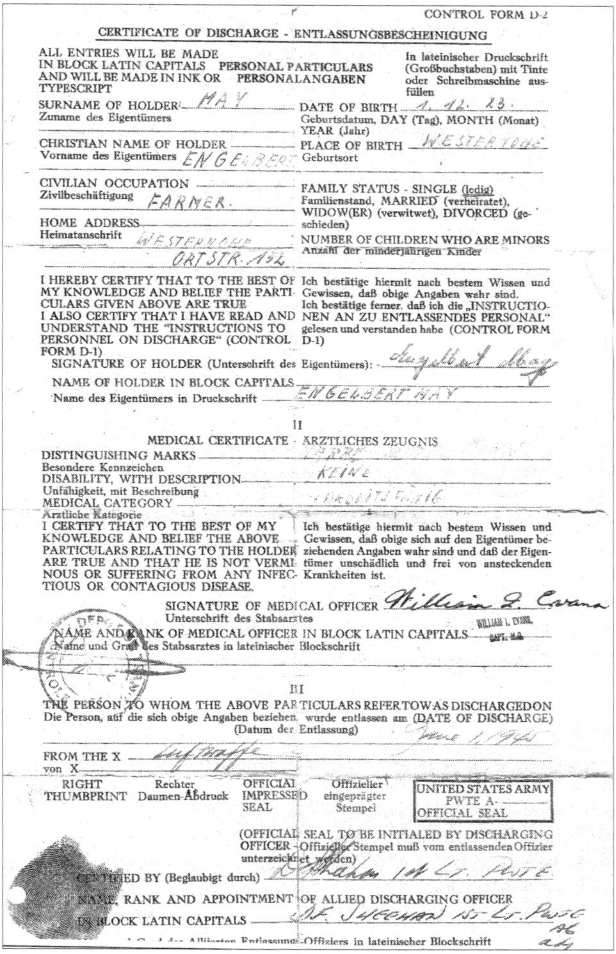

CONTROL FORM D-2

CERTIFICATE OF DISCHARGE - ENTLASSUNGSBESCHEINIGUNG

ALL ENTRIES WILL BE MADE IN BLOCK LATIN CAPITALS AND WILL BE MADE IN INK OR TYPESCRIPT

PERSONAL PARTICULARS
PERSONALANGABEN

In lateinischer Druckschrift (Großbuchstaben) mit Tinte oder Schreibmaschine ausfüllen

SURNAME OF HOLDER / Zuname des Eigentümers: MAY

DATE OF BIRTH / Geburtsdatum, DAY (Tag), MONTH (Monat) YEAR (Jahr): 1. 12. 23.

CHRISTIAN NAME OF HOLDER / Vorname des Eigentümers: ENGELBERT

PLACE OF BIRTH / Geburtsort: WESTERNOHE

CIVILIAN OCCUPATION / Zivilbeschäftigung: FARMER.

FAMILY STATUS - SINGLE (ledig) / Familienstand, MARRIED (verheiratet), WIDOW(ER) (verwitwet), DIVORCED (geschieden)

HOME ADDRESS / Heimatanschrift: WESTERNOHE ORTSTR. 152

NUMBER OF CHILDREN WHO ARE MINORS / Anzahl der minderjährigen Kinder

I HEREBY CERTIFY THAT TO THE BEST OF MY KNOWLEDGE AND BELIEF THE PARTICULARS GIVEN ABOVE ARE TRUE
I ALSO CERTIFY THAT I HAVE READ AND UNDERSTAND THE "INSTRUCTIONS TO PERSONNEL ON DISCHARGE" (CONTROL FORM D-1)

Ich bestätige hiermit nach bestem Wissen und Gewissen, daß obige Angaben wahr sind.
Ich bestätige ferner, daß ich die „INSTRUCTIONEN AN ZU ENTLASSENDES PERSONAL" gelesen und verstanden habe (CONTROL FORM D-1)

SIGNATURE OF HOLDER (Unterschrift des Eigentümers): Engelbert May

NAME OF HOLDER IN BLOCK CAPITALS / Name des Eigentümers in Druckschrift: ENGELBERT MAY

II

MEDICAL CERTIFICATE - ÄRZTLICHES ZEUGNIS

DISTINGUISHING MARKS / Besondere Kennzeichen

DISABILITY, WITH DESCRIPTION / Unfähigkeit, mit Beschreibung: KEINE

MEDICAL CATEGORY / Ärztliche Kategorie

I CERTIFY THAT TO THE BEST OF MY KNOWLEDGE AND BELIEF THE ABOVE PARTICULARS RELATING TO THE HOLDER ARE TRUE AND THAT HE IS NOT VERMINOUS OR SUFFERING FROM ANY INFECTIOUS OR CONTAGIOUS DISEASE.

Ich bestätige hiermit nach bestem Wissen und Gewissen, daß obige sich auf den Eigentümer beziehenden Angaben wahr sind und daß der Eigentümer unschädlich und frei von ansteckenden Krankheiten ist.

SIGNATURE OF MEDICAL OFFICER / Unterschrift des Stabsarztes: William L. Evans

NAME AND RANK OF MEDICAL OFFICER IN BLOCK LATIN CAPITALS / Name und Grad des Stabsarztes in lateinischer Blockschrift: WILLIAM L. EVANS, CAPT. M.C.

III

THE PERSON TO WHOM THE ABOVE PARTICULARS REFER WAS DISCHARGED ON / Die Person, auf die sich obige Angaben beziehen, wurde entlassen am (DATE OF DISCHARGE) (Datum der Entlassung): June 1, 1945

FROM THE X / von X: Luftwaffe

RIGHT THUMBPRINT / Rechter Daumen-Abdruck

OFFICIAL IMPRESSED SEAL / Offizieller eingeprägter Stempel

UNITED STATES ARMY
PWTE A-
OFFICIAL SEAL

(OFFICIAL SEAL TO BE INITIALED BY DISCHARGING OFFICER - Offizieller Stempel muß vom entlassenden Offizier unterzeichnet werden)

CERTIFIED BY (Beglaubigt durch): 1st Lt. PWTE

NAME, RANK AND APPOINTMENT OF ALLIED DISCHARGING OFFICER IN BLOCK LATIN CAPITALS: D.F. SHEEHAN 1ST LT. PWTE

... Offiziers in lateinischer Blockschrift

Entlassungsschein für Engelbert May, ausgestellt am 1. Juni 1945 (Privatbesitz)

6.01.2 Kapelle/Museum/Ehrenfriedhof

Neben dem Dokumentationszentrum Bretzenheim wird die Erinnerung an die Rheinwiesenlager vor allem im Raum Remagen/Sinzig wachgehalten. Dies gründet in gleich drei Gedenkstätten: Der Friedenskapelle der »Schwarzen Madonna« in Remagen, dem Friedensmuseum »Brücke von Remagen« und dem Ehrenfriedhof in Bad Bodendorf. Kapelle und Museum verdanken ihre Entstehung dem ehemaligen Bürgermeister von Remagen, Hans Peter Kürten. Er hat sich mit seinen Bemühungen um die Erinnerungskultur der Rheinwiesenlager bleibende Verdienste erworben. Die Grundsteinlegung zur Kapelle fand am 22. Juni 1985 statt. Zu dem Zeitpunkt erinnerte bereits ein fünf Meter hohes Holzkreuz an die Lagerstätte. Etwa eintausend Menschen, überwiegend ehemalige Häftlinge, nahmen an der Einweihung der Kapelle am 9. Oktober 1987 teil. Viele der ehemaligen Insassen hatten durch ihre Spendenbereitschaft maßgeblich zur Errichtung der Gedenkstätte beigetragen.

Der Initiator Hans Peter Kürten sagte bei der Einweihung:

»Die Kapelle hat keine Mauern, hat keine Wand. Sie hat ein Dach in Form eines Zeltes, so dass Wind, Regen und Schnee hindurch können und sie damit ein bisschen wiedergibt von dem, was war vor 42 Jahren.«

(Quelle: Grohs: Die schwarze Madonna von Remagen, 1993/2009, S. 20)

Friedenskapelle der »Schwarzen Madonna« in Remagen (Foto: Wolfgang Gerz 22. Mai 2013)

Neben der Kapelle wurde eine Erinnerungsplatte eingelassen, die folgende Inschrift trägt:

»Hier befand sich von April bis Spätsommer 1945 ein riesiges Kriegsgefangenenlager der Amerikaner, das am 11. Juli die Franzosen übernahmen. Die Höchstbelegung wird mit 185.000 angegeben, während man den Gesamtdurchgang auf 1,5 Millionen schätzt. Mehr als 1.200 deutsche Soldaten starben an Unterernährung und der grassierenden Ruhr. Diese Gedenkstätte soll an das Schreckenslager erinnern und zum Frieden in der Welt aufrufen.«

In den Folgejahren fanden wiederholt Treffen von ehemaligen Gefangenen statt, die allesamt dem friedenstiftenden Charakter des Mahnmals gerecht wurden. Zur zentralen Gedenkfeier des »Volksbundes Deutsche Kriegsgräberfürsorge« am 8. Mai 2005 entdeckten die Neonazis die Kapelle, die sie für ihre Zwecke vereinnahmten. Für 2009 hatte der NPD-Landesverband zu einem Gedenkmarsch eingeladen. Bis heute bleibt die Kapelle ein Ziel der Rechten, denen sich aber zunehmend ein breites Bündnis Andersdenkender gegenüberstellt. In der Kapelle befindet sich eine in Leinöl getränkte Madonnenfigur, die aus der Lagerzeit stammt und von damaligen Insassen, dem späteren Bildhauer und Professor Adolf Wamper gefertigt wurde. Dieser hatte sie aus dem Lehm geformt, den er im Gelände vorfand. Bei Auflösung des Lagers übergab der amerikanische Lagergeistliche die Figur dem Kripper Pfarrer Keller. Aus seinem Pfarrhaus kam die Madonna zur Friedenskapelle.

Hans Peter Kürten war auch maßgeblicher Betreiber des Friedensmuseums, das sich in einem der Türme der weltbekannten »Brücke von Remagen« befindet. Diese Brücke wurde in den Jahren 1916-1918 errichtet und verdankt ihre Bekanntheit der Tatsache, dass sie am 7. März 1945 – zwar beschädigt, aber funktionsfähig – von der US-Armee eingenommen wurde. Den Amerikanern ermöglichte dies den Übergang über den Fluss und die Bildung eines Brückenkopfes am rechten Rheinufer. Am 17. März stürzte die Brücke ein und wurde nicht mehr aufgebaut. Ihr Mythos aber blieb erhalten und diente als Vorlage für unzählige Berichte, Bücher und Filme. Am 7. März 1980 konnte das Museum eröffnet werden. Mehr als 500.000 Besucher haben seither die verschiedenen Ausstellungsräume besichtigt. Ein Raum ist dabei auch dem Rheinwiesenlager Remagen vorbehalten. Neben Fotos, Zeichnungen, einem Lageplan sowie Gedichten des Lyrikers Günter Eich – einem Gefangenen in Remagen – sind auch zahlreiche Gegenstände aus dem Lager zu sehen. Das Museum ist täglich zwischen dem 7. März und dem 15. November von 10 bis 17 Uhr geöffnet. Nähere Informationen unter: »www.bruecke-remagen.de«.

Eigens für die Toten aus den Lagern Remagen und Sinzig legte man am 28. April 1945 im benachbarten Bad Bodendorf einen Friedhof an. Bereits am 15. Juli 1945 wurde dieser wieder geschlossen. Am 1. November des gleichen Jahres fand die feierliche Einsegnung der nunmehr 1.212 Grabstätten statt. Die Bezeichnung Ehrenfriedhof erhielt das Gräberfeld erst am 16. Juni 1957, als der »Volksbund Deutsche Kriegsgräberfürsorge« (Landesverband Mittelrhein) sich dem Friedhof annahm und feierlich einweihte. Eine Kapelle an dem inzwischen baumbestandenen Platz erinnert zusätzlich an die »1.212 Opfer von Krieg und Gewaltherrschaft« (Inschrift auf der Gedenktafel an der Kapelle). Neben den Lagertoten aus Remagen und Sinzig wurden hierher auch einige Verstorbene aus anderen Lagern (z.B. Koblenz) gebracht.

Inschrift an der Friedenskapelle der »Schwarzen Madonna«
(Foto: Wolfgang Gerz 22. Mai 2013)

6.02 Das Lager Sinzig

Das Lager Sinzig ist zwar in enger Verbindung zum Lager Remagen zu sehen, war aber eigenständig und wurde in amerikanischen Unterlagen unter der Abkürzung A5 geführt. Das Lager reichte von den Wiesen an der Ahrmündung über drei Kilometer bis nach Niederbreisig im Süden. In der Breite erstreckte es sich vom Rhein bis fast zur Eisenbahnlinie; an der Ahr über etwa 600 Meter und bei Niederbreisig über rund 200 Meter. Es war ausgelegt für 100.000 Gefangene. Das Haupteingangstor in Sinzig befand sich an der Rheinallee. Als Lagerstraße diente die ehemalige Römerstraße. Fast ganz im Norden befanden sich das Lazarett und gegenüber das Frauenlager. In einem Buch zur Stadtgeschichte von Sinzig wird das Lager nur kurz gestreift, mit den bekannten Problemen: Weder die Zahl der Internierten noch das Datum der Errichtung können genau angegeben werden. Verlässlicher sind die Angaben aus amerikanischen Aufzeichnungen. Demnach war das Lager Sinzig am 29. April 1945 mit 55.000 Mann belegt. Die Zahl stieg zum 2. Mai auf 69.000 an. Am 6. Mai waren bereits 100.000 hier inhaftiert und am 12. Mai hatte es mit 116.000 seinen Höchststand erreicht.

Die Zahl sank dann auf 106.000 (13. Mai) und 87.000 (27. Mai). Am 31. Mai 1945 wird eine Gefangenenzahl von 85.000 genannt. Auch zu Sinzig ist kein genaues Datum zur Einrichtung festzustellen. Es ist davon auszugehen, dass das Lager Anfang bis Mitte April 1945 als ein so genanntes Durchgangslager eingerichtet wurde. In seiner größten Ausdehnung umfasste das Lager rund fünfundzwanzig Cages, die allerdings unterschiedlich groß waren.

An die Errichtung des Lagers in Sinzig kann sich auch ein damaliger Anwohner erinnern, dessen Haus im Lagerbereich lag. Er berichtet von plötzlich auftauchten Lastwagen, die in der Nähe seines Hauses Gefangene absetzten. Das Haus musste geräumt werden; die Eigentümer erhielten aber einen Passierschein für das Lagergelände. Damit war es möglich Lebensmittel in das Lager zu schmuggeln. Der Anwohner erinnert sich auch an einen Besuch einer Rot-Kreuz-Delegation im Lager Sinzig (Grohs, 1993, S. 51).

Das Lager Sinzig wurde am 10. Juli 1945 mit rund 25.200 Mann von den Franzosen übernommen. Die US-Armee hatte vor der Übergabe noch zahlreiche Gefangene entlassen. Hatte sich die Verpflegung unter amerikanischer Leitung zuletzt stark gebessert, trat nun wieder eine Verschlechterung ein. In Sinzig war unter anderem Fritz Mann interniert. Der hat über seine Erfahrungen als Kriegsgefangener eine kleine Schrift verfasst, in der er kein gutes Haar an den Soldaten der Siegermächte lässt. Das ist durchaus verständlich, wenn man wie er in einem der Rheinwiesenlager unter Amerikanern und Franzosen gelitten hat. Und dass da viel Leid war, ist unbestritten. Mann schildert in drastischer Weise die Zustände im Lager mit den bekannten Problemen wie Verpflegung, Unterbringung, medizinische Versorgung und Hygiene.

Seine Ankunft in Sinzig beschreibt er wie folgt:

»An Bergen von Stacheldraht vorbei rollen wir in ein riesiges Lager ein. Ein Gelände von etwa 3.000 Metern Länge und vielleicht 800 Metern Tiefe; umgeben von meterhohen Stacheldrahtwänden, bespickt mit unzähligen Wachtürmen, hunderten von Posten, ständig herumflitzenden Jeeps mit aufmontierten Maschinengewehren – das ist unsere neue »Heimat« – das Kriegsgefangenenlager Sinzig! In fieberhafter Eile sind die Arbeitskommandos dabei, im Inneren des Lagers Pfähle einzurammen, Stacheldrahtabgrenzungen zu ziehen und sonstige Vorbereitungen zu treffen, die unschwer darauf schließen lassen, dass dieses Lager nicht für ein paar Tage vorgesehen ist.«

(Quelle: Mann, Frühling am Rhein anno 1945, 1950)

Sehr problematisch war im Lager Sinzig die Wasserversorgung. Die einzige Zapfstelle hatten die Amerikaner etwa in der Lagermitte und direkt am Rheinufer angelegt. Mann schildert dies wie folgt:

»Ein Camp mit seinen 5.000 bis 7.000 Menschen verfügt über eine einzige Zapfstelle, die das Wasser in etwa fingerdickem Strahl abgibt. Auch wenn es strengstens untersagt ist, Wasser für Waschzwecke zu entnehmen, darf man nicht annehmen, dass eine so primitive Pumpanlage imstande ist, die reibungslose Wasserversorgung für hundertzwanzigtausend Menschen zu gewährleisten. Stundenlange Unterbrechungen in der Wasserversorgung sind an der Tagesordnung. In Schlangen von 200 bis 300 Metern Länge, zwei bis drei Reihen nebeneinander, stehen die Wasserholer vor der Zapfstelle.«

(Quelle: Mann, Frühling am Rhein anno 1945, 1950)

Auch in Sinzig wurden die deutschen Hilfskräfte der Lagerleitung bisweilen heftig von den Gefangenen kritisiert. Vor allem wenn sie für die Verteilung der Lebensmittel zuständig waren. Mann berichtet von schweren Vorwürfen gegen einen deutschen Tausendschaftsführer:

»Schaut euch den Tausendschaftsführer an! Zusammen mit fünf Mann hat er sich einen Bunker gebaut; wie und mit was? Nichts einfacher wie das; sie haben das Leermaterial vom täglichen Verpflegungsempfang zerlegt und aus festen Pappkartons, aufgeschnittenen Blechbüchsen und Kistenholz ein regelrechtes Haus gebaut. Seht, da steht es. Sogar einen Lehmofen haben sie eingebaut, mit Schlot und allem Komfort! Ein eigenes Haus, auch wenn es nur ein solches aus

Blech und Pappe ist, erweckt in diesem Kreis naturgemäß die Missgunst der Neider, was aber viel schlimmer ist: man spricht davon, dass die ›Hausbesitzer‹ beträchtliche Mengen Lebensmittel von den durch ihre Hände gehenden täglichen Empfängen einbehalten haben. Ja, wie könnte es sonst sein, dass der Schlot den ganzen Tag raucht, liebliche Düfte aus dem Innern des Baus steigen und die Kerle täglich fetter werden, während ihre übrigen Leidensgenossen sich den Riemen ständig enger um den Bauch legen müssen.«

(Quelle: Mann, Frühling am Rhein anno 1945, 1950)

Die Verteilung der Lebensmittel im Lager Sinzig wird auch bei Michels (Serie der Rhein-Zeitung, 1985) beschrieben. Demnach erfolgte sie über den deutschen Campführer, der alles anteilig an die Tausend-, Hundertschafts- und Gruppenführer ausgab. Der Campführer nahm die Lebensmittel mit seinem Stab im eigens eingerichteten Verpflegungscamp in Empfang und kehrte dann mit Kisten und Sachen bepackt ins Camp zurück. Hier nahmen die Tausendschaftsführer ihre Ration in Empfang, teilten durch zehn und versorgten ihre Hundertschaftsführer. Diese zogen mit dem erhaltenen Gut in ihren Sektor und teilten wieder durch zehn.

Lagerleben in Sinzig (Quelle: wikimedia commons)

Auch in Sinzig war nicht nur die Korruption unter den deutschen Lagerangestellten, sondern auch der Kameradendiebstahl weit verbreitet. Selbst im Schlaf wurden Mitgefangene beraubt. Nichts war sicher vor den eigenen Leuten. Dagegen war die Unterstützung durch die betreffenden Kommunen und deren Bevölkerung außerordentlich groß. Dies zeigt ein Aufruf des Kripper Bürgermeisters Dannemann vom 24. April 1945, in dem es heißt:

> *»Der Zustand in dem deutschen Gefangenenlager ist so, dass es unsere Pflicht ist und auch unser Selbsterhaltungstrieb es verlangt, dass wir helfen. Soweit es in unserer Macht steht; denn wenn es dort zu einer Katastrophe kommt, werden wir sehr mitbetroffen werden. Im Lager sind Deutsche zwischen fünfzehn und über sechzig Jahren, teilweise nur in leichten Straßenanzügen, die Soldaten oft ohne Mantel, ohne jeden Schutz, der Witterung preisgegeben. Selbst jede Sitzgelegenheit fehlt. Zelte und Kleidung sollen herangeführt werden, aber bis dies kommt, können noch Tage vergehen, und kann inzwischen mancher erliegen oder einen Knacks für sein Leben bekommen. Also Kripper lasst uns helfen, soweit wir können. Was benötigt wird sind: Mäntel, warme Jacken, Unterzeug, Strümpfe, Schuhe, auch Holzschuhe, Mützen, Zeltbahnen und Decken. Bei letzteren mache ich es jedem zur Pflicht, die Militärdecken und Mäntel der Flak usw. unbedingt abzuliefern. Annahmestelle ist die Bäckerei Gries, von wo aus heute schon die erste Sendung ins Lager gehen soll Die Sachen werden dort der inneren deutschen Verwaltung übergeben, so dass eine gerechte Verteilung gewährleistet ist. Über die Verpflegung wird nicht geklagt. Außerdem wird Holz für Lagerfeuer dringend benötigt. Über die Beschaffung desselben aus dem Wald erfolgt in Kürze eine Mitteilung.«*
>
> *(Quelle: Grohs, Die schwarze Madonna von Remagen, 1993, S. 56)*

Die Erlebnisse und Schilderungen Manns bestätigen, was auch anderenorts bereits zur Sprache kam. Warum die Schrift trotzdem der Erwähnung wert ist? Weil sie in vielerlei Hinsicht die typischen Überzeichnungen der Inhaftierten widerspiegelt. Beispielsweise in Bezug auf die Todeszahlen. Teilweise seien in Sinzig *»täglich 50 bis 60 Gefangene an Hitzschlag«* gestorben. Und weil Mann bereits im Vorwort (zur zweiten Auflage) die Rheinwiesenlager auf eine Stufe mit den Konzentrationslagern der Nazis stellt. Dieser Vergleich entbehrt in vielerlei Hinsicht jeder Grundlage. Jedoch fielen solche vergleichenden Gegenüberstellungen besonders in Kreisen der Neonazis auf fruchtbaren Boden. Bei allem Verständnis für die Leiden der Gefangenen in den Lagern am Rhein darf eine gebotene Objektivität nicht verloren gehen.

Dass es in Sinzig eine nur unzureichende medizinische Versorgung gab, ist unbestritten. Auch weil dort erst im Mai ein Zelthospital errichtet wurde. Zusammen mit Remagen und Bad Kreuznach wurde Sinzig eine überdurchschnittliche Sterblichkeitsrate nachgesagt. Die US-Armee gibt für die Lager Remagen und Sinzig 1.022 Verstorbene an. Die Franzosen zählen im Juli 1945 1.084 Tote und die Stadt Sinzig kommt nach ihren Eintragungen auf 1.247 Tote und bezieht sich dabei auf die Gräber auf dem Ehrenfriedhof in Bad Bodendorf. Demnach spricht die Stadtverwaltung von »Kriegstoten«. Obwohl die weit überwiegende Mehrheit aus den Lagern Remagen/Sinzig kommt, sind aber auch andere Todesfälle hier erfasst. Zudem wurden nach Bad Bodendorf Verstorbene aus den Lagern Remagen, Koblenz und Linz überführt. Daneben befanden sich auch auf dem Friedhof in Sinzig 35 Gräber von hier verstorbenen Gefangenen (Stand 1994).

Am 20. Juli 1945 schloss die französische Besatzungsmacht das Lager Sinzig und brachte die verbliebenen Gefangenen, unter ihnen zahlreiche Angehörige der Waffen-SS, ins Lager Andernach. An der Stadtgrenze von Sinzig, am Ende der Rheinallee, erinnert ein Gedenkstein an das Kriegsgefangenenlager. Von hier aus hat man noch heute einen Blick in das bisher nicht überbaute Wiesengelände. Eine dort angebrachte Inschrift trägt folgenden Text:

»Von April bis Juli 1945 litten auf diesen Feldern unzählige Kriegsgefangene Möge uns ihr Leid zum Frieden mahnen«

Gedenkstätte in Sinzig (Foto: Wolfgang Gerz, Mai 2013)

6.03 Das Lager Miesenheim

Miesenheim ist heute ein Stadtteil von Andernach und liegt in Richtung Plaidt. Das Lager Miesenheim wurde im April 1945 angelegt und bestand nur wenige Wochen. Ende April / Anfang Mai begannen die Verlegungen ins benachbarte Andernach, da dort bessere Unterbringungsmöglichkeiten gegeben waren. Den Platz des Lagers Miesenheim beschreibt der Gefangene (und spätere Schriftsteller) Edmund Nacken wie folgt:

> *»Wir liegen am Nordwestrand des Neuwieder Beckens, genau an der Stelle, wo die Landstraße nach Weißenturm von der Chaussee Andernach-Mayen abzweigt, und zwar zwischen diesem stumpfen Winkel und dem Nettetal. Genauer gesagt: auf dem flachen Gelände in diesem Winkel. Die Südseite des Lagers schaut nach dem Hang hin, der zum Nettetal hin abfällt.«*
>
> *(Quelle: Heyen, 1994, S. 302 nach Nacken, S. 38)*

Nacken spricht in seinen Tagebuchaufzeichnungen von ca. 90.000 Gefangenen in Miesenheim. Nach Miesenheim kommt er am 15. April 1945. Der spätere Journalist der »Andernacher Volkszeitung« Karl Wind (1888-1967) hat in seinem Tagebuch umfangreiche Notizen zum Lager Miesenheim hinterlassen. Hier heißt es auszugsweise:

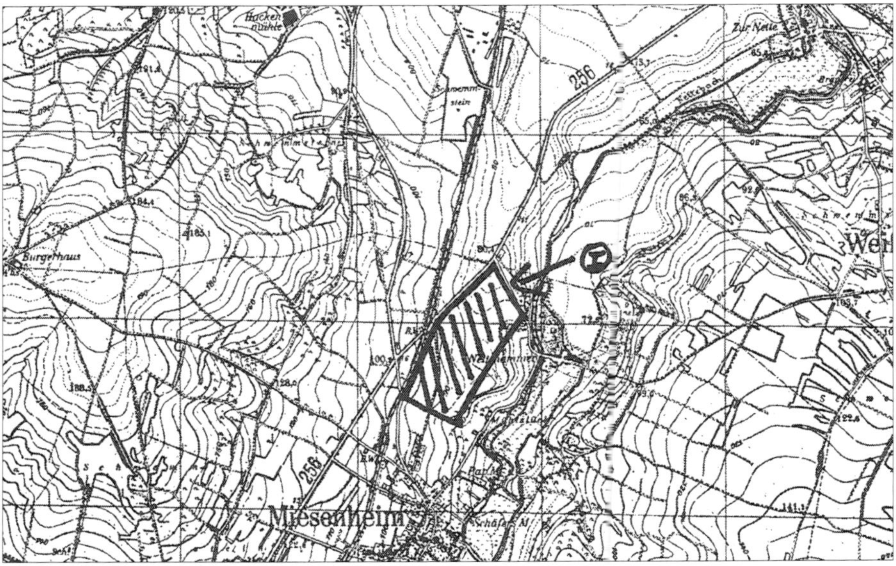

Planskizze Lager Miesenheim (Aus: Schäfer, 1991, S. 52)

09.04.1945	*Am Sonntagnachmittag sollen deutsche Kriegsgefangene auf Lastwagen aus Richtung Brohl (Lager Sinzig/Remagen vermutlich) durch die Aktienstraße gekommen sein. Vermutlich nach Miesenheim. Auch auf dem Bahnhof sollen Kriegsgefangene verladen worden sein.*
13.04.1945	*Viele Lastwagen mit deutschen Kriegsgefangenen kamen durch Andernach. Sie fuhren in Richtung Miesenheim.*
14.04.1945	*Weitere Lastwagen mit Kriegsgefangenen Richtung Miesenheim. Zug mit Gefangenen – wurden mit Brot, Wasser und Zigaretten versorgt. Gefangene teilen auf kleinen Zetteln ihre Anschrift mit. Bitte die Angehörigen zu verständigen.*
17.04.1945	*Im Miesenheimer Gefangenenlager sollen sich 14.000 bis 15.000 deutsche Kriegsgefangene befinden. Die Zivilbevölkerung darf sich dem Lager nicht nähern.*
19.04.1945	*Weitere Lastwagen bringen Kriegsgefangene ins Lager Miesenheim. Da die Gefangenen unter großem Durst litten, erhielten die Amerikaner den 5.000 Liter fassenden Sprengwagen der Stadt zur Verfügung gestellt.*
22.04.1945	*Im Lager Miesenheim sollen sich 85.000 deutsche Kriegsgefangene aufhalten. Da das Wetter regnerisch und kälter geworden ist, wurde die Lage der im Freien Kampierenden katastrophal. Durch einen amerikanischen Arzt wird Polizeikommissar Pickel gebeten, bei der Andernacher Bevölkerung um Uniformen, Zeltbahnen und Uniformmäntel für die Gefangenen zu bitten. Ein entsprechender Aufruf wird gedruckt.* *Bürgermeister Dr. Schmidt und Peter Kassel fahren nach Brohl, um dort Baracken für das Miesenheimer Lager zu besorgen. Die Reise war erfolglos, da Brohl das Gefangenenlager Sinzig mit versorgen musste. Peter Kassel und Gemeindebaumeister Helmes erfahren im Miesenheimer Lager, dass neben Decken auch Brennholz für Lagerfeuer und zur Zubereitung von warmen Essen benötigt werden. In Miesenheim werden Decken und Bekleidung gesammelt, ebenso in Saffig und Plaidt und ins Lager gebracht. Von Plaidt werden acht Kochkessel und Holz gebracht. Frauen aus Miesenheim liefern Brennholz.*
23.04.1945	*Für die Gefangenen in Miesenheim wurden in Andernach Kleidersammlungen (Decken, Mäntel) durchgeführt. Gefangene, die beim Transport halfen, berichten, dass im Lager die Ruhr ausgebrochen sei. Schwerkranke habe man ins Stiftshospital und ins Luftwaffenlazarett gebracht. Viele seien bereits verstorben. Die Gefangen litten unter großem Durst.*
24.04.1945	*Aus dem Miesenheimer Lager wird berichtet, dass viele Insassen an Ruhr und Typhus erkrankt sind. Die Landwirte des Kreises werden von der amerikanischen Militärbehörde angewiesen Stroh ins Lager zu bringen.*

26.04.1945 *Insgesamt sollen rund zehn Züge von Miesenheim rheinabwärts gefahren sein. Im Lager befinden sich aber immer noch rund 60.000 Mann. Die aus dem Lager Miesenheim entlassenen Kriegsgefangenen und Zivilgefangenen haben die Erlaubnis erhalten in ihre Heimat zurückzukehren, soweit das Ziel auf der linken Rheinseite liegt. So herrschte denn heute an der Passstelle ein ungewöhnlich lebhafter Andrang, denn die meisten bestreben sich, so schnell wie möglich heim zu kommen. Das von der Provinzialanstalt gelieferte Essen sei sehr gut, besonders aber für die jungen heranwachsenden Menschen viel zu wenig.*

28.04.1945 *Bürgermeister Dr. Schmidt und Peter Kassel schlagen dem Miesenheimer Lagerkommandanten vor, die kranken und schwachen Kriegsgefangenen in leerstehende Hallen von Bimswerken und in der Halle der Fliegerschule am Hummerich unterzubringen. Die Örtlichkeiten wurden inspiziert und der Colonel versprach der vorgesetzten Dienststelle die Empfehlung zu unterbreiten. Der Lagerkommandant bat darum, weitere Sammlungen für die Gefangenen durchführen zu lassen.*

(Quelle: Unterlagen der Stadt Andernach, Dr. Klaus Schäfer)

Von einem entlassenen Gefangenen erfährt Karl Wind Details zum Lagerleben. Demnach ist das Lager etwa fünfhundert Quadratmeter groß und mit einem doppelten, zwei Meter hohen Stacheldrahtzaun umgeben. Im Lager

Skizze einer Erdhöhle im Lager Miesenheim (Aus: Schäfer, 1991, S. 54)

selbst befand sich nur ein großes Zelt, das als Sanitätsraum genutzt wurde. Zudem waren darin die weiblichen Gefangenen (Wehrmachtshelferinnen) sowie Generäle und Offiziere untergebracht. Man hatte das Lager mittels Stacheldraht in zwei Bereiche unterteilt. Ein Bereich war den Neuankömmlingen vorbehalten. Hier wurde geprüft, ob die Gefangenen sofort wieder entlassen werden sollten – etwa irrtümlich festgenommene Zivilisten – oder ob sie in den zweiten Lagerteil gebracht wurden. Von den etwa vierhundert Zivilisten, die im Lager festgehalten wurden, hat die US-Armee zwanzig sofort freigelassen, da sie nachweisen konnten, dass sie nicht der Wehrmacht angehörten. Da mancher deutsche Soldat sich Zivilkleidung besorgt hatte, um damit einer Gefangenschaft zu entgehen, nahm die vorrückende US-Armee zahlreiche Personen in Gewahrsam, auch wenn sie keine Uniform trugen.

Auch in Miesenheim kampierten die Gefangenen auf freiem Feld und erhielten als anfängliche Verpflegung lediglich Wasser und Brot. Am 8. Mai 1945 wurde das Lager Miesenheim nach Andernach verlegt. Wenn man den Angaben von Wind Glauben schenken darf, begann die Auflösung des Lagers bereits am 26. April 1945. Am 11. Mai war es vollständig geräumt. Todeszahlen zum Lager Miesenheim sind bisher nicht bekannt geworden.

6.04 Das Lager Andernach

Am 8. Mai 1945 wurde das Lager Miesenheim/Plaidt mit 39.750 Insassen (nach US-Angaben) nach Andernach verlegt, wo es bis Anfang September 1945 betrieben wurde. Die Unterschiede in den Belegungszahlen zwischen Miesenheim und Andernach sind damit zu erklären, dass die US-Armee bereits im April aus dem Lager Miesenheim mehrere tausend Gefangene entlassen hatte (siehe Seite 42 oben). Das Lager, das in amerikanischen Unterlagen unter der Abkürzung PWTE A 11 geführt wird, hatte eine Kapazität für 45.000 Gefangene. Am 10. Juli 1945 ging das Lager mit 16.600 Gefangenen in die Hände der Franzosen über. Der Umzug auf das Gelände in Nähe der Rasselstein-Werke war wohl in erster Linie der Tatsache geschuldet, dass man eine dortige Fabrikhalle als Krankensaal nutzen konnte. Der Schriftsteller Edmund Nacken hat diesen »Umzug« als Gefangener miterlebt. Er schreibt dazu:

> *»Wir trotten dahin wie ein Leichenzug, setzen langsam Fuß vor Fuß und sprechen nur wenig. So ungefähr habe ich mir die Kolonnen vorgestellt, die 1812 aus Napoleons russischem Feldzug zurückkamen.«*
>
> *(Quelle: Heyen, 1994, S. 302 nach Nacken, S. 83)*

Der spätere Journalist der »Andernacher Volkszeitung« Karl Wind (1888-1967) hat in seinem Tagebuch den Werdegang des Lagers Andernach festgehalten. Er schreibt:

08.05.1945 Überführung von Miesenheim nach Andernach. Kranke Gefangene werden in der damaligen Provinzialanstalt untergebracht. Die Kranken kriechen praktisch der Anstalt entgegen.

09.05.1945 Am Doppelzaun des Lagers Andernach wird noch gebaut. In Richtung Rhein befinden sich aber bereits tausende von Kriegsgefangenen.

13.05.1945 Kriegsgefangene, die von den Amerikanern zu Arbeiten in der Stadt herangezogen werden, berichten, das Essen sei gut, aber viel zu wenig.

15.05.1945 Die aus dem Lager entlassenen Soldaten werden von Andernachern aufgenommen, bevor sie sich auf den Heimweg machen.

25.05.1945 Drei Andernacher Bäckereien werden von den Amerikanern beschlagnahmt, um dort Brot für die Kriegsgefangenen backen zu lassen. Der Kommandant des Lagers verbietet der Zivilbevölkerung Kontakt zu den Gefangenen aufzunehmen.

26.05.1945 Es werden wohl 600 Gefangene entlassen.

27.05.1945 Freigelassene Kriegsgefangene werden zum Bahnhof gebracht. Die Bevölkerung versorgt sie mit Zigaretten und Lebensmitteln.

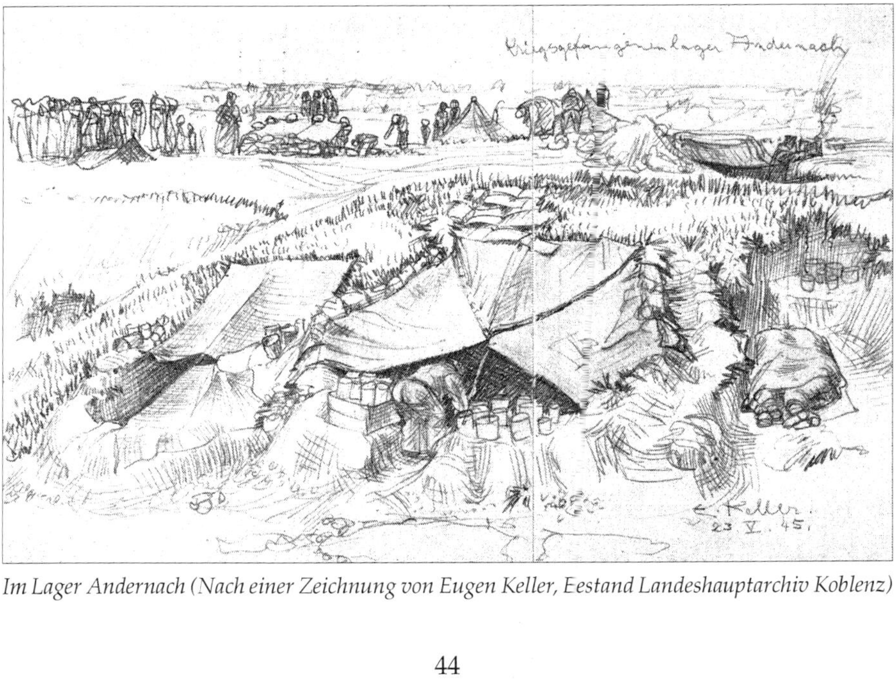

Im Lager Andernach (Nach einer Zeichnung von Eugen Keller, Bestand Landeshauptarchiv Koblenz)

09.06.1945 Es geht das Gerücht um, dass auf jeden, der sich dem Lager nähert geschossen wird.

28.06.1945 Heute marschiert wieder eine große Gruppe von Gefangenen aus dem Lager Andernach zum Güterbahnhof, um in ihre Heimat – diesmal die Stuttgarter Gegend – abbefördert zu werden. Im Gegensatz zu den ersten Gruppen, die seinerseits bei ihrem Marsch alle Ordnung verloren hatten,marschieren die Männer stramm in Reih und Glied. So war es auch vor ein paar Tagen schon einmal. Als dabei mehrere Männer aus dem Glied sprangen, weil ihnen von den Fenstern aus Sachen zugeworfen wurden, zog man sie sofort scharf ins Glied zurück unter Rufen aus der Kolonne: Zurück ins Glied! Wir sind doch deutsche Soldaten und keine Zigeuner! Die Gesichter der Männer sahen sehr elend aus. Die Kleidung war unterschiedlich. Die Frauen brachten vor allem Tee und Kaffee zum Bahnhof, wo die Heimkehrer stundenlang warten mussten und weniger über Hunger als über Durst klagten. Sie hatten eine gute Wegzehrung mit schneeweißem Brot. Begleitet wurden die Kolonnen diesmal von einer Reihe Posten. Ein Jeep mit Maschinengewehr schloss sich an.

06.07.1945 Die amerikanischen Truppen beginnen mit dem Abzug.

13./14.07.1945 In der Nacht sollen im Lager Schüsse gefallen sein. Man spricht von bis zu 30 Toten. Der größte Teil des Lagers ist jetzt leer. Es sollen nur noch 2.000 Gefangene da sein.

18.07.1945 Kriegsgefangene aus dem Lager Sinzig werden nach Andernach gebracht. Als die Bevölkerung dem Elendszug durch die Stadt Lebensmittel zustecken wollte, wird dies gewaltsam von den Bewachern verhindert. Die Zivilbevölkerung muss in ihren Häusern bleiben und in den Straßen, durch welche die Gefangenen kommen, müssen Türen und Fensterläden geschlossen werden. Das französische Militär erlaubt, dass die durch die Stadt ziehenden Gefangenen an festgelegten Punkten von Rot-Kreuz-Schwestern Wasser erhalten dürfen. Das Lager zählt nun wieder rund 30.000 Insassen.

21.07.1945 Wie der Chronist erfährt, sollen heute und morgen je 5.000 Kriegsgefangene aus Sinzig kommen, womit das Lager Sinzig geräumt sei, das Andernacher Lager aber wieder 40.000 Insassen haben werde. Bisher konnte sich das Andernacher Rote Kreuz für die Gefangenen einsetzen. Auf den Namedyer Wiesen war eine Raststelle für die körperlich meist schwachen Gefangenen eingerichtet, ehe sie nach Andernach weiter zogen, und hier konnte ihnen von den Frauen und Männern des Roten Kreuzes Wasser und Brot gereicht werden. Die Sammlung von Nahrungsmitteln geht gut voran. Rund 100 Zentner Kartoffel sind bisher gesammelt oder zur Abholung angemeldet, dazu 40 Zentner Trockenkartoffel der Firma

Luithlen. Hohe Stapel von Brot, Büchsenfleisch, Erbswurst und vieles andere ist zusammengekommen. Jeden Tag sollen jetzt 400 Gefangene entlassen werden.

22.07.1945 *Weitere Kriegsgefangene werden ins Lager gebracht, darunter auch eine größere Gruppe von SS-Leuten, denen ein großes Schild »SS« vorangetragen wurde. Wenn diese Gefangenen von der Bevölkerung Lebensmittel ergriffen, werden sie geschlagen, bis sie diese Geschenke wieder fallen ließen.*

23.07.1945 *23 Kinder unter 15 Jahren, von denen einige aus Ungarn stammten, werden aus dem Lager entlassen und dem Roten Kreuz übergeben.*

24.07.1945 *Eine Abordnung des Roten Kreuzes war in Ahrweiler, um den amerikanischen Kommandanten um Vermittlung bei General Eisenhower zu bitten, damit den Kriegsgefangenen im Andernacher Lager geholfen werde. Die Hilfsbereitschaft ist groß, bleibt aber immer noch zu klein bei einer Zahl von 40.000 Gefangenen. Morgens früh schon stehen die Frauen an den Türen und warten auf Gruppen von Gefangenen, die zur Arbeit gehen und es jetzt schon gelernt haben, große Körbe mitzubringen, die ihnen abends, wenn sie zurück ins Lager gehen, gefüllt werden.*

Lager Andernach, Schlafplätze der Gefangenen (Nach einer Zeichnung von Eugen Keller, Bestand Landeshauptarchiv Koblenz)

25.07.1945 *Die Lage der Gefangenen – es herrscht große Hitze – wird als sehr schlimm bezeichnet. Über die Zahl der Todesfälle wird nichts bekanntgegeben. In der Güntherstraße und in der Landsegnung werden Suppen gekocht. Die Suppen werden in Eimern den Arbeitskommandos mitgegeben.*

28.07.1945 *200 jüngere Kriegsgefangene können das Lager verlassen. Die Jugendlichen erhalten vorübergehend Privatquartiere bei Andernacher Familien. Alle möglichen Kniffe wenden die Frauen an, um in das Lager zu kommen und einem Gefangenen ein Paketchen zustecken zu können oder einen Zettel mit einer Nachricht in Empfang zu nehmen. Oft schauen die Posten absichtlich weg. Es sind auch gute Kerle darunter. Fräulein Heil, die Leiterin der weiblichen Sanitäter, die in der Stadt sehr gelobt wird, gibt sich alle Mühe, Verbindungen zu den Lagerinsassen herzustellen, um eine Besucherlaubnis zu erwirken. Andernacher Frauen oder Mädchen werden aus dem Lager »Schwager« und »Neffen« zugeteilt. Sie gehen abends zum Lagerausgang, der jetzt am Bandstahlwerk mit einem Schlagbaum abgeschlossen ist und bleiben neben den Schilderhäuschen stehen und bitten am folgenden Tag, den »Verwandten« besuchen zu dürfen.*

30.07.1945 *Die Sammlung von Lebensmitteln wird fortgesetzt. Dabei hat sich besonders das Dorf Rieden ausgezeichnet. Den ganzen Tag über herrschte in der Sammelstelle Hochbetrieb und die Pakete häufen sich zu großen Stapeln und müssen von den Lehrern der Volksschulen und des Stiftsgymnasiums, die sie annehmen, mehrmals am Tag in Wagenladungen zum Lager geschickt werden. Manche Frauen, die einmal dort waren, wollen nicht mehr hin, weil die Bilder, die sie sehen, ihnen zu schrecklich sind. Wie die wilden Tiere stürzen sich die ausgehungerten Männer darüber her und kämpfen erbittert um jedes Stück Brot, das vielleicht ihr Leben bedeutet.*

05.08.1945 *Am Fuß der Eisenbahnbrücke in der Werftstraße werden Baracken abgebrochen und ins Lager transportiert und dort wieder aufgebaut. Kranke werden darin untergebracht.*

09.08.1945 *Eine große Anzahl von Gefangenen wird entlassen. Bürgermeister Dedenbach schreibt an den Landrat, dass das Gerücht, im Lager seien 40 bis 50 Kriegsgefangene erschossen und SS-Männer misshandelt worden, jeder Grundlage entbehre.*

10.08.1945 *Katholischer Frauenbund und evangelische Frauenhilfe richten einen Brief an den Kommandanten und drücken darin ihre große Sorge um die Gefangenen aus. Sie bitten um edelmütiges Vergessen und Barmherzigkeit. Sie bitten um Speise, Trank, schützenden Raum, Verbindung mit den Nächsten, Pflege und den Toten eine geweihte Erde. In einer Bekanntmachung lobt Bürgermeister Dedenbach das Wirken des Stifts-*

hospitals zum hl. Nikolaus und der Borromäerinnen in der Fürsorge für die Gefangenen. Die Schwestern setzen sich aufopfernd und mühevoll für die Gefangenen ein.

16.08.1945 *Gefangene werden zum Bahnhof geführt und mit dem Zug nach Frankreich gebracht.*

21.08.1945 *In der Stadt geht das Gerücht um, im Lager sei es zu einem schweren Zwischenfall gekommen. Dabei hätten angetrunkene französische Offiziere wahllos auf Gefangene geschossen.*

23.08.1945 *Der Andernacher Polizeikommissar Pickel teilt Landrat Dietsch mit, dass das Andernacher Beerdigungsinstitut Etscheid am 21.08.1945 beauftragt worden sei, fünf tote Soldaten im Lazarett und 16 tote Soldaten im Lager einzusargen. 20 weitere Särge sollen bereitgehalten werden. Insgesamt seien 55 Kriegsgefangene getötet oder verletzt worden, als betrunkene Offiziere auf die Gefangenen geschossen hätten. Im Lager befinden sich noch rund 20.000 Gefangene.*

24.08.1945 *Andernachs Bürgermeister Theis gibt bekannt, dass die Unruhe im Lager durch den Beschuss von der anderen Rheinseite entstanden sei. Dabei hätten Gefangene versucht zu fliehen. Wenige Tage später taucht eine neue Version der Ereignisse auf. Der französische Kreiskommandant gibt an, dass bei einem Wachwechsel eine Gruppe von Gefangenen einen Fluchtversuch unternommen habe. Die Posten hätten dies durch Gebrauch der Schusswaffen verhindert. Zwei Gefangene seien getötet, 55 verletzt worden. Die örtliche Polizei bestätigt aber nach zahlreichen Befragungen die Version mit den betrunkenen französischen Offizieren. Mindestens 24 Gefangene werden dabei getötet. Sie werden auf dem Andernacher Ehrenfriedhof beigesetzt.*

27.08.1945 *Weitere Lagerinsassen werden nach Frankreich transportiert.*

29.08.1945 *Nach Schätzungen befinden sich rund 13.000 Gefangene im Lager.*

31.08.1945 *Die Zahl der Gefangenen ist auf rund 10.000 gesunken. Es werden wieder Särge ins Lager geliefert.*

04.09.1945 *Wieder werden Gefangene mit dem Zug abtransportiert.*

07.09.1945 *Die Zahl der Gefangenen ist auf 5.000 gesunken.*

09.09.1945 *Es befinden sich noch 940 Gefangene im Lager*

11.09.1945 *Das Lager Andernach ist geräumt.*

Im Umkreis des Lagers Andernach waren Gemeinden tageweise zur Hilfe für die Gefangenen eingeteilt. Wie in den anderen Lagern war auch hier eine ausreichende Verpflegung das große Problem. Ein Gefangener hat dazu in seinem Tagebuch festgehalten:

09.05.1945 *Ein harter Tag! Die Verpflegung kommt nicht ran. Erst gegen 16 Uhr beginnt man mit der Ausgabe. Wie läuft mir das Wasser im Mund zusammen, als zwei Frauen ihren Männern Brot, Fleisch und Saft an den Zaun bringen.*

11.05.1945 *Wasser holen ist jetzt nach Bedarf möglich. Verpflegung leicht gebessert.*

12.05.1945 *Arbeitseinsatz auf dem Holzplatz. Es gibt zusätzlich zwei Büchsen Verpflegung und eine Zigarette.*

13.05.1945 *Vorzügliches Mittagessen. Bohnensuppe, Kartoffelpuffer, Pudding und Aprikosen. Abends Kartoffeln, Fleisch, Gemüse und ein Milchtrunk.*

15.05.1945 *Man vermisst das liebe Brot. Wir haben keinen Boden im Magen.*

17.05.1945 *Wieder ein guter Tag. Schmalz, Weißbrot und Käse.*

26.05.1945 *Ab heute täglich eine Schnitte Brot*

27.05.1945 *Seit gestern gibt es für drei Mann ein halbes Brot*

(Quelle: Unterlagen der Stadt Andernach, Dr. Klaus Schäfer)

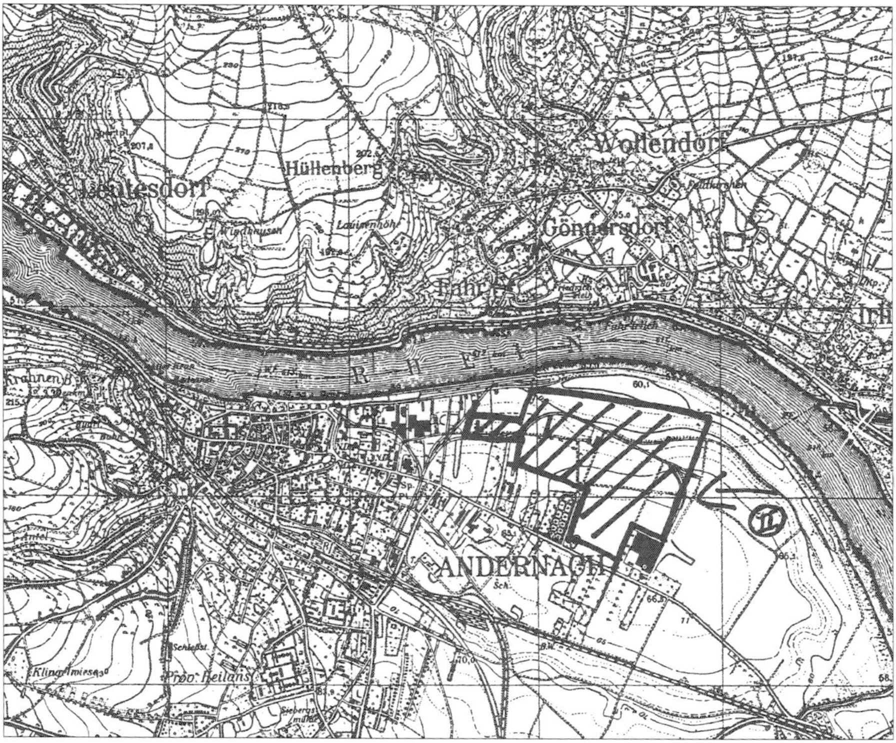

Planskizze Lager Andernach (Aus: Schäfer, 1991, S. 52)

Man kann diesen Aufzeichnungen entnehmen, dass sich die Ernährungssituation langsam besserte, was offensichtlich in anderen Lagern nicht der Fall war. Nach der Übernahme der Franzosen im Juli trat nochmals eine Verschlechterung der Versorgung ein.

Das Lagergelände in Andernach hatte gegenüber Miesenheim den Vorteil, dass der Boden wesentlich trockener war. Eine Besonderheit im Lager bildeten die unter den Gefangenen fast legendären Rasselstein-Bleche. Das Werk überließ den Inhaftierten den Blechausschuss, woraus dann im Lager zahlreiche notdürftige Dächer entstanden. Bevor das Lager in die Hände der Franzosen kam, hatten die Amerikaner bereits zahlreiche Insassen entlassen. Nach dem 10. Juli kam es wiederholt zu Zusammenstößen zwischen Gefangenen und dem französischen Bewachungspersonal. Auch dabei waren Tote und Verletzte zu verzeichnen.

In der französischen Epoche erlebte das Lager Andernach seine größte personelle Ausdehnung. Dies gründete in der Zusammenführung der verschiedenen Lagerstätten. So zogen ab dem 18. Juli die ausgemergelten Gestalten aus dem Lager Remagen/Sinzig in langen Kolonnen am Rheinufer entlang in Richtung Andernach. Die Bevölkerung nahm dieses Elend natürlich zur Kenntnis und so schlug den nun rund 40.000 Gefangenen eine Welle der Hilfsbereitschaft entgegen. Insbesondere die Bürger von Andernach haben sich wohlwollend hervorgetan. Der damalige Andernacher Pfarrer Peter Malburg hat dazu festgehalten:

»Gott allein weiß, wie viele schwere Opfer viele Familien gebracht haben, um auch das Letzte aus dem Haushalt wegzugeben und den armen Gefangenen zu helfen. In den Nachbarschaften und Pfarreien bildeten sich Helfergruppen. Zuerst in der Metzgerei Feiten, dann in der Werksküche der Vereinigten Möbelwerke wurden in einem Zeitraum von acht Wochen täglich 1.000 Liter Suppe für die Soldaten gekocht und mit dem Pferdefuhrwerk der Firma Johann Heintges und zeitweise auch mit dem Fuhrwerk von Matthias Schmitt, Eisenhand, in das Lager gebracht.«

(Quelle: Unterlagen der Stadt Andernach, Dr. Klaus Schäfer)

Pfarrer Malburg hatte sich sogar selbst als Fuhrmann betätigt und ging so als »Suppenpfarrer« in die Lagergeschichte ein. Es gab auch Aufrufe an die Bevölkerung, in denen um Hilfe für die Gefangenen gebeten wurde:

»Die Einwohner von Andernach werden gebeten, alte Bücher und Zeitschriften zu sammeln und auf der Polizei abzuliefern. Die Bücher werden für die verwundeten deutschen Kriegsgefangenen dem Andernacher Lazarett überwiesen. Da die Soldaten ohne jeglichen Lesestoff sind, wird die Bevölkerung gebeten, die

Sachen umgehend auf der Polizeistelle abzugeben. Das gleiche gilt für Unterhaltungsspiele. Der Lagerkommandant des Andernacher Kriegsgefangenenlagers bittet die Bevölkerung, nicht, wie bisher, Brot und Lebensmittel den Gefangenen auf Autos oder in das Lager zu werfen, da bei diesen Gelegenheiten ein großer Teil der Lebensmittel verloren geht oder verdirbt, so dass sie den für sie bestimmten Zweck nicht mehr erfüllen. Die Bevölkerung wird gebeten, Lebensmittel, die den Gefangenen gegeben werden sollen, auf der Polizei abzuliefern. Die Lebensmittel werden dort gesammelt und dem Lagerkommandanten zur Verfügung gestellt, dadurch wird ein Verderb der Sachen vermieden und eine gerechte Verteilung unter den deutschen Kriegsgefangenen gewährleistet. Bei dieser Gelegenheit wird nochmals darauf hingewiesen, dass es noch an Decken und Matratzen für die Gefangenen mangelt. Solche Sachen können ebenfalls auf der Polizei abgegeben werden und werden von dort aus den Kriegsgefangenen überwiesen.« *(Quelle: Unterlagen der Stadt Andernach, Dr. Klaus Schäfer)*

Wie ein Bericht der Pfarrfrau Gerda Ribbeck beweist, gab es für das Lager Andernach sogar Hilfe von der rechten Rheinseite. Frau Ribbeck wohnte in Neuwied und organisierte hier Sammelaktionen, die sich bis in den Westerwald ausdehnten. Mit einem LKW der Rasselstein-Werke konnten die Lebensmittel ins Lager geliefert werden.

Wie in anderen Lagern, so herrschte auch in Andernach eine fast mittelalterliche Strafordnung für Vergehen innerhalb des Lagers. Der Maler Eugen Keller, dem zahlreiche Ansichten aus dem Lager zu verdanken sind, hat u.a. einen Schandpfahl gezeichnet, wo Soldaten stundenlang stehen mussten, mit Schildern um den Hals wie »Ich habe Kameraden beklaut« oder »Ich habe meiner Hundertschaft die Kartoffel geklaut«. Die Franzosen haben nur noch wenige Gefangene entlassen. Alle, die zumindest teilweise arbeitsfähig erschienen, mussten zum Arbeitseinsatz nach Frankreich. Nur wer dazu körperlich nicht in der Lage war, durfte mit seiner Entlassung nach Hause rechnen.

Nach der endgültigen Räumung blieben noch einige Gefangene für Aufräumarbeiten zurück. Die Insassen des Lazaretts wurden in die Provinzialanstalt überführt. Das Lebensmittellager in der alten Turnhalle führte man in beschränktem Umfang weiter, da die Kranken verpflegt werden mussten. In diesem Lager sind nachweislich mindestens 78 Gefangene verstorben, die auf dem Ehrenfriedhof in Andernach beigesetzt wurden. Die entsprechenden Sterbedaten liegen zwischen dem 13. Juli und dem 24. September. Die zwischen dem 8. Mai und dem 12. Juli Verstorbenen wurden nicht erfasst. In Bad Bodendorf sind 21 Tote aus Andernach beigesetzt. Diese sind aber in den Gesamtzahlen von Remagen/Sinzig berücksichtigt. Auf dem städtischen Friedhof in Andernach erinnert seit November 1994 ein Gedenkstein an die Toten des Lagers.

6.05 Das Lager Urmitz

Das Lager Urmitz wurde bei der US-Armee als Lager A 13 geführt, hatte eine Kapazität von 75.000 Mann und war am 8. Mai 1945 noch nicht fertig gestellt. In der Ortsgeschichte Urmitz geht Autor Reinhard Gilles kurz auf die Lagergeschichte ein.

Die US-Armee rückte am 9. März 1945 in Urmitz ein und verlegte unmittelbar nach Kriegsende ein Pionierbataillon hierher. Die Zeltstadt der Soldaten befand sich in Nähe des Friedhofs; ihre Lastwagenkolonne parkte auf dem Schulhof. Während sich in der Bevölkerung die Meinung verfestigte, dass die Pioniere die Trümmer der zerstörten Eisenbahnbrücke aus dem Rhein bergen wollten, begannen diese mit Unterstützung deutscher Kriegsgefangener einen Großteil der Feldflur zwischen dem Ort und der Bahnlinie Koblenz-Bonn (Ortsteil Urmitz/Bahnhof) mit Stacheldraht einzuzäunen. Die etwa 200 Morgen große Ackerfläche durfte von ihren Besitzern nicht mehr betreten werden.

Die Arbeiten dauerten einige Wochen, dann rückte das Pionierbataillon ab und lediglich eine US-Wachmannschaft blieb zurück. Bald zog auch diese Wachmannschaft ab, ohne dass in dem Lager Gefangene untergebracht wurden. Am 10. Juli 1945 übernahmen französische Truppen die Herrschaft am Mittelrhein. Bald danach begann unter ihrer Regie der Abbau des Lagers. Ein Teil der Umzäunung fand bei den Bürgern des Ortes Verwendung. Schaden entstand durch den Ernteausfall auf den umzäunten Flächen und durch das Abholzen zahlreicher Obstbäume.

Nachdem dieses Lager weitgehend ungenutzt wieder aufgelöst wurde, entstand im Ort – genauer im Saal der damaligen Gaststätte »Zum Anker« – ein kleines Gefangenenlager für deutsche Soldaten. Der Urmitzer Ortschronist Walter Häring schätzt ihre Zahl auf 60 bis 70. Zur Sicherung brachte man in der Koblenzer Straße und in der Ringstraße Stacheldrahtzäune an. Der eingezäunte Straßenbereich diente den Gefangenen als Freifläche. Das Wachhäuschen stand am heutigen Les-Noes-Platz. Bewacht wurden die Gefangenen von französischen und polnischen Soldaten (ehemaligen Kriegsgefangenen). Die dort Inhaftierten wurden gelegentlich zu Arbeiten in Koblenz eingesetzt. Erst im Herbst 1946 wurde das kleine Lager aufgelöst, das nicht zu den Rheinwiesenlagern zu zählen ist.

6.06 Das Lager Koblenz-Lützel

Das Lager Koblenz-Lützel führte bei der US-Armee die Abkürzung A10 und war am 8. Mai 1945 noch im Aufbau begriffen. Als die Franzosen am 10. Juli 1945 das Kommando über das Lager antraten, befanden sich hier noch rund 21.200 Gefangene. Das mit 650 Mann belegte Kriegsgefangenen-Lazarett im Lager Lützel wurde erst zwei Tage später, am 12. Juli 1945 an die Franzosen übergeben.

Die Ausdehnung des Lagers ist wie folgt zu umschreiben: Vom nördlichen Bereich der Falckenstein-Kaserne an der Bonner Straße (B 9) nach Norden bis etwa zum ehemaligen Rasthaus Mühlberger (heute Tankstelle) an der B 9 und nach Westen bis zur Straße »Auf der Lay« (KO-Metternich) kurz vor die Eisenbahnlinie Koblenz-Mayen. Nach Süden bis zur Straße entlang des ehemaligen Sendemastes von Radio Koblenz (Gelände der ehem. Rübenacher Schanze). Die Angaben zum Lager Koblenz beruhen größtenteils aus Mitteilungen aus dem dortigen Stadtarchiv. Das wohl schon im April belegte, aber erst im Laufe des Monats Mai 1945 ausgebaute Lager A10 war in Teilen bis Januar 1946 in Betrieb. Gelegentlich wird es auch als Entlassungslager bezeichnet.

Das Lager wurde nach und nach in einzelne, zuletzt 21 oder 22 Camps aufgeteilt. Der Gefangene Günther Patzelt, der dem Camp 14 zugeteilt wurde, schätzt die Zahl der Gefangenen auf rund 80.000. Auf seinen Angaben gründet ein Teil der folgenden Beschreibungen. Die einzelnen Camps waren durch Stacheldrahtzäune voneinander getrennt. Eines der Camps umfasst die letzten vier oder fünf Häuser am rechten Ende der Straße »Auf der Lay« (damals nördliche Verlängerung der Johannesstraße). Die beschlagnahmten Wohnhäuser dienten ausschließlich zur Unterbringung älterer und kranker Gefangener. In der Nähe dieser Häuser befand sich auch einer der Eingänge ins Lager. Patzelt schätzt die von einem Stacheldrahtzaun umgebene Grundfläche auf 900 x 800 Meter. Seine Einlieferung in das Lager Koblenz beschreibt Patzelt wie folgt:

»Unmittelbar nach der Ankunft in Lützel wurde ich mit etwa 5.000 Mitgefangenen in das bis dahin unbelegte Camp 14 eingewiesen. Am Eingang standen Wachposten, die dazu aufforderten, alle Scheren und Messer wegzuwerfen. Unterstrichen wurde diese Forderung durch die Behauptung, am Morgen sei ein Kamerad erschossen worden, bei dem man ein Messer gefunden habe. Tatsächlich bildet sich vor dem Lagereingang ein immer größer werdender Berg von Scheren und Taschenmessern, die bisher durch alle Kontrollen gerettet wurden. An ›festen‹ Bauten ist lediglich eine mit Wellblech gedeckte Küchenbaracke vorhanden, in der ein großer Kochkessel steht. Hier bekomme ich am nächsten

Tag, nach 30 Tagen Hungern, zum ersten Mal eine warme Mahlzeit (Suppe). Obwohl von nun an täglich eine warme Mahlzeit ausgegeben wird, bleibt die Ernährungslage insgesamt unzureichend. Schon nach kurzer Zeit sind alle frischen Triebe an Bäumen und am Boden, insbesondere in den Kleingärten, ›kahlgefressen‹. Ein gespenstisches Bild mitten im Frühling.«

Quelle: Stadtarchiv Koblenz, Bestand DB 8, Nr, 12, Bericht Patzelt)

Willi Bauermann geriet als Sanitäts-Unteroffizier am 14. April in der Nähe von Iserlohn in amerikanische Gefangenschaft. Zwei Tage später fand er sich im Lager Remagen wieder. Ende Mai / Anfang Juni kam er von dort ins Lager Koblenz-Lützel:

»Ende Mai/Anfang Juni wurden wir in offenen Kohlewaggons, Mann an Mann stehend, per Bahn nach Koblenz transportiert ins Lager Lützel. Anliegend der ›Versuch‹, die dort üblichen ›Unterkünfte‹ der Gefangenen aufzuzeichnen. Der Boden war mit Stroh bedeckt, das Dach wasserdicht. Man kroch hinein, Kopf voran, und lag Mann an Mann. Gegenüber Remagen ein enormer Fortschritt. Es gab auch Wehrmachts-Viermannzelte, eine Küche, ein Zeltlazarett mit kleinem Haus für das San.-Personal, zu dem ich nun auch gehörte, und vor allem eine halbwegs ausreichende Verpflegung, aber leider auch nur stark verchlortes Trinkwasser aus dem Fluss. Mittags erhielt jeder eine Konservendose voll Suppe, die so schlecht nicht war. Dazu gab es Maisbrot, je 1 Löffel Eipulver, Milchpulver und Instantkaffee. Man konnte damit leben, hatte immer Hunger, aber verhungerte nicht. Tabakwaren fehlten ebenso wie Hygiene-Artikel (Seife, Rasierzeug, Zahnputzcreme). Das große Krankenzelt war dürftig, aber noch vertretbar, mit Strohlager auf nacktem Boden eingerichtet. Medikamente waren knapp, es starben auch viele. Es gab tatsächlich so etwas wie ›Kultur‹! Gefangene rezitierten, sangen und machten auch Musik, nicht täglich, aber doch 2-3 mal in der Woche. Dafür erhielten sie einen Schlag extra aus der Küche. Am 27.6. wurde ich plötzlich entlassen, nachdem mich der Lagerarzt, Dr. Josef Laux, ›voll arbeitsfähig‹ erklärt hatte, wurde per LKW nach Bad Kreuznach gebracht und war frei!« *(Quelle: Stadtarchiv Koblenz, Bestand DB 8, Nr, 12, Bericht Bauermann)*

Das südlichste Camp im Lager Lützel war das so genannte Entlassungscamp, in das diejenigen eingewiesen wurden, die zur Entlassung anstanden. Nach Aussagen verschiedener Gefangener wurden hierher auch Inhaftierte anderer Lager zur Entlassung überstellt. Mitten im Camp erhob sich der Holzsendemast von Radio Koblenz. Den im Gegensatz zu den Bauten der Falckenstein-Kaserne unbeschädigten Reitstall nutzen Amerikaner und Franzosen als Verwaltungsgebäude. Der Kontakt zur US-Lagerleitung erfolgte meist über die deutsche Lagerleitung, die sich aus Kriegsgefangenen zusammensetzte. Campführer war in Koblenz ein Feldwebel aus Cottbus.

Ihm war auch die Lagerpolizei unterstellt. Wie in fast allen Lagern, so war auch in Koblenz die deutsche Campführung bei den Mitgefangenen verhasst. Sie waren sehr auf ihren Vorteil bedacht und gefielen sich in selbstherrlichem und schikanösem Auftreten. Anträge der Gefangenen oder besondere Vorkommnisse liefen über die deutsche Lagerleitung, die sie zur Entscheidung vorlegen mussten. Grundsätzlich war die Lagerpolizei für die Aufrechterhaltung der Ordnung im Lager verantwortlich. Sie war mit Befugnissen ausgestattet, die es ihr erlaubte, auch mit Gewalt gegen Gefangene vorzugehen. Streng bestraft wurde beispielsweise Kameradendiebstahl. Etliche Gefangene wurden bei Vergehen in den »Ehrenkäfig« eingesperrt. Jedes Camp verfügte über eine solche Gefangenenzelle. Es handelte sich dabei um eine etwa 3 x 3 Meter große Grube mit aufrecht gestellten Holzpfosten in jeder Ecke. Die Pfosten dienten als Halterung für ein über die Grube gespanntes Drahtgeflecht. Nicht selten wurden mehrere Gefangene gleichzeitig in dieses offene Erdloch eingesperrt. Ein Gefangener hatte sich mit seinem Leibgürtel an einem der Eckpfosten im »Ehrenkäfig« erhängt. Der Zeitzeuge Willi Bauermann hat an diese Zelle folgende Erinnerung:

> *»Wer den Weisungen der Lagerpolizei (deutsche Uffz. und Feldwebel mit Holzknüppeln, mit denen sie kräftig zuschlugen!) nicht folgte, landete im ›Ehrenkäfig‹, einem Verschlag aus Holz u. Stacheldraht, allseitig offen, und saß dort oft mehrere Tage, Tag und Nacht. Der Diebstahl einer Tafel Schokolade durch einen hungrigen Gefangenen brachte ihm 14 Tage ›Ehrenkäfig‹ mit täglich 1 Tafel Schokolade und Wasser ein. Ob er hinterher noch Schokolade mochte, ist ungewiss, aber er war völlig verstopft.«*
>
> *(Quelle: Stadtarchiv Koblenz, Bestand DB 8, Nr, 12, Bericht Bauermann)*

Die Unterbringung der Kranken erfolgte zunächst in zwei oder drei Erdgruben. Die Gruben waren etwa 50 cm tief, 2,50 m breit und 7 m lang. Entlang der Grubenränder in den Boden gerammte Holzpfähle dienten als Halterung für ein Wellblechdach. An den Seitenwänden schützten Wellblechstücke und Zeltplanen gegen die Witterung. Der Grubenboden wurde gegen die aufsteigende Erdfeuchtigkeit mit Teerpappe aus amerikanischen Verpflegungskartons ausgelegt. Schätzungsweise zehn Mann fanden darin Platz, die allerdings wie Ölsardinen nebeneinander lagen. Der Einweisung in die Erdgrube ging zwingend eine vorgeschriebene Untersuchung voraus, die ein deutscher Lagerarzt durchführte. Die ärztlichen Untersuchungsräume und ambulanten Behandlungszimmer, kurz Krankenabteilung, waren im Gebäude der amerikanischen Lagerleitung und in einem Nebengebäude untergebracht. Die hier beschäftigten ehemaligen deutschen Militärärzte waren für das gesamte Lager A10 zuständig.

Der Hunger war auch hier allgegenwärtig und andauernd. Die tägliche Ration, aus der von einem deutschen Koch geleiteten Küche war unzureichend und bedurfte – soweit möglich – der Aufbesserung. Auch hier wurde die Selbstversorgung mit eigens gebastelten »Herden« bewerkstelligt. Dazu nutzte man dünnwandige Blechkanister der Amerikaner, die darin Verpflegung wie etwa Trockenkartoffeln, Mais, Milch- und Eipulver geliefert hatten. In eine der Seitenwände des Blechkanisters wurden mühsam zwei Löcher in der Größe des Kochgeschirrbodens geschnitten. Gefeuert wurde mit Holz (sofern vorhanden), Teerpappen-Verpackungen und Baumrinde. Als Kochtöpfe dienten leere Konservendosen, gekocht wurden Brennesseltee oder Suppe, letztere angereichert mit Feldfrüchten aller Art und allen Wachstumsstadien. Das hintere der beiden »Kochplattenlöcher« wurde wegen der besseren Hitzeentwicklung vom Herdbesitzer selbst genutzt, die vordere »Kochplatte« gegen »Rauch-Währung« an interessierte Nachbarn vergeben.

Während die direkte Abgabe von Lebensmitteln an die Gefangenen verboten war, gestattete man Spenden von Lebensmitteln, die beim Hausmeister der Langemark-Kaserne abzugeben waren. Allerdings durften die Lebensmittelpakete keine Briefe enthalten. Die Verteilung erfolgte durch den Lagerkommandanten. Ferner war es der Zivilbevölkerung verboten, mit den Gefangenen zu sprechen, sich weniger als einhundert Meter dem Lager zu nähern und Briefe, Zeitungen oder sonstige Schriftstücke ins Lager zu werfen. Erlaubt war die Benutzung des durch das Lager führenden öffentlichen Weges, wenn man einen von der amerikanischen Besatzung ausgestellten Pass besaß. Man durfte aber den Weg nicht verlassen und auch nicht mit den amerikanischen Soldaten sprechen.

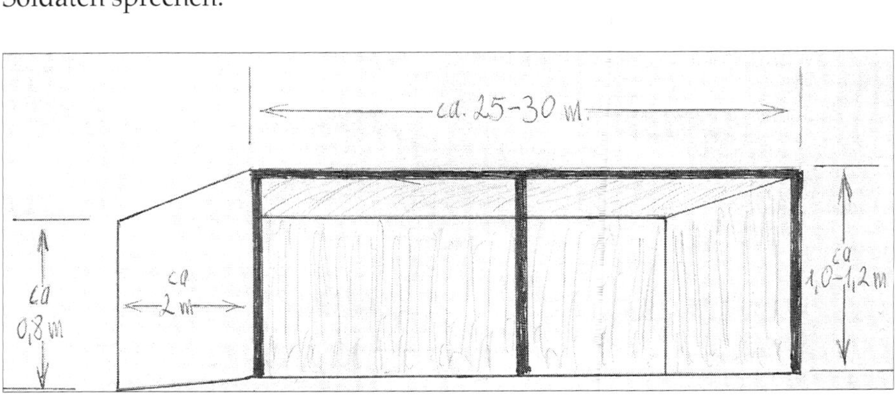

Skizze einer Gefangenenbaracke (Aus Bericht Willi Bauermann - Stadtarchiv Koblenz S. 3, Nr. 22)

Die Amerikaner stellten aus den Reihen der Inhaftierten Arbeitskommandos zusammen, die zu Aufräum- bzw. Trümmerbeseitigungsarbeiten herangezogen wurden oder, wie im Falle von Patzelt, für das amerikanische Militär arbeiten mussten. Diese Arbeitseinsätze waren ebenfalls sehr begehrt. Zum einen sorgten sie für Abwechselung vom Lageralltag und zum anderen bot sich außerhalb des Lagers Gelegenheit, die Verpflegung aufzubessern. Patzelt hatte die Aufgabe, in Urmitz-Bahnhof Kohlen, Holz und Mehlsäcke für die US-Feldbäckerei auszuladen. Diese Bäckerei hatte in einer ehemaligen Bimssteinfabrik Quartier bezogen. Hier wurden die typischen amerikanischen Weißbrote gebacken. Die Gefangenen konnten dabei zumindest die beschädigten und daher weggeworfenen Brote an sich nehmen, die sie unter den Uniformjacken ins Lager schmuggelten.

Bereits im Juni 1945 begannen die Amerikaner mit der Entlassung von Gefangenen. Die Entlassungskommission residierte ebenfalls im ehemaligen Reitstall sowie in einem direkt davor errichteten großen Militärzelt. Nach welchen Kriterien die Entlassungen vorgenommen wurden, blieb den Lagerinsassen verborgen. Es wurden aber nur Inhaftierte entlassen, die in den drei Westzonen beheimatet waren. Die Entlassungen erfolgten unabhängig von ehemaligem Dienstgrad oder Alter. Bei der Feststellung der Personalien wurde auch nach Mitgliedschaften in NS-Organisationen gefragt. Das Lager leerte sich langsam, allerdings nicht ganz. Am 5. Juni 1945 erließ Bürgermeister Franz Lanters eine Bekanntmachung, wonach die Insassen des deutschen Gefangenenlagers *»den lebhaften und verständlichen Wunsch nach Musik«* haben. Sie wollten eine Kapelle bilden und diese in den Dienst des Lagers stellen. Viele gelernte Musiker seien vorhanden. Da sie keine Möglichkeit hatten, Instrumente zu kaufen, erging an die Bürgerschaft die Bitte, für das Gefangenenlager Instrumente zu stiften oder zu leihen.

Der Übergang an die Franzosen am 10. Juli 1945 ging einher mit einer wesentlichen Verschlechterung der Ernährungslage. Vielleicht deshalb lässt eine französische Wachmannschaft Ende Juli auch einige Gefangene in die gegenüber liegenden Kartoffeläcker der Gemarkung Bubenheim. Der Gefangene Patzelt erinnert sich:

> *»Ich stand zufällig am westlichen Ausgang des Lagers, als wir mit rund 30 Gefangenen und der Aufforderung: ›Allez vite, zehn Minüt, pommes de terre‹ aus dem Lager gelassen wurden. Überrascht stürzten wir aus dem Tor und rannten über die Bahnlinie Koblenz-Mayen, hinter der sich einige Kartoffelfelder erstrecken. Da die Zeit knapp war, begannen wir unverzüglich, die Knollenfrüchte mit den Händen auszugraben. Säcke, besser Säckchen gab es nur in begrenzter Anzahl. Rasch wurde ein Pullover an Ärmeln und Bund zugekno-*

tet und mit Kartoffeln gefüllt. Nie hätte ich geglaubt, wie viele Kartoffeln in einen Pullover passen. Nach zehn Minuten geben die französischen Wachen das Signal zur Beendigung des ›Raubzuges‹. Begleitet von den Rufen: ›Fini, fini – allez retour‹ wird einfach eine Salve über die Köpfe der Gefangenen gefeuert. Verdutzt raffen wir in Windeseile die Säcke und Säckchen und vor allem den prall gefüllten Pullover zusammen und stolpern über den Bahndamm auf das Tor zu, das sich dann wieder hinter uns schließt. Die erbeuteten Kartoffeln werden wie ein Schatz ins Camp 14 getragen.«

(Quelle: Stadtarchiv Koblenz, Bestand DB 8, Nr, 12, Bericht Patzelt)

Bei der Übernahme des Lazaretts von der US-Armee an die Franzosen hatte die Stadtverwaltung für zwei Übergangstage die Verpflegung der Gefangenen sicherzustellen. Hierzu waren Lebensmittel für 650 Mann notwendig. Probleme gab es nach der Übergabe bei der Wasserversorgung, da die Amerikaner ihre Wasserpumpe mitgenommen hatten. Man behalf sich zunächst mit einem Tankwagen. Es handelte sich dabei um einen 40.000 Liter Wassertank der Stadt Koblenz.

Ab Juli 1945 wurden 25 Gefangene aus den Lagern Remagen und Lützel von der französischen Besatzung zu Aufräum- und Instandsetzungsarbeiten in der Falckenstein-Kaserne abkommandiert. Sie leisteten die Vorarbeiten zur Installierung rundfunktechnischer Anlagen, mit denen am 13. Oktober 1945 Radio Koblenz wieder auf Sendung ging.

Per Dienstanweisung gab der französische Standortkommandant Pery bekannt, dass die Aufräumarbeiten in der Stadt Koblenz ab dem 20. August 1945 beginnen. Für diese Arbeiten sollen 500 Zivilisten und 400 Gefangene aus dem Lager »*abgeholt, bewacht und durch die Einheit II/129 wieder zurückgeführt werden*«. Die Verpflegung erfolgte durch die Lagerküche, zusätzlicher Bedarf für »*arbeitende Gefangene ist von der Bürgermeisterei zu besorgen*«. Im gleichen Monat wurden 53 Gefangene des Lagers Lützel an die Energie-Versorgung Mittelrhein (EVM) zu Arbeitsleistungen überwiesen. Ihre Unterbringung erfolgte im Westbunker des Krankenhauses Kemperhof. Ein weiteres Kriegsgefangenen-Kommando wurde am 15. Juli 1945 versehentlich nach Boppard geschickt. Für die betroffenen fünfzig Gefangenen erwies sich dies aber als ein Glücksfall. Denn hier fanden sie bei den französischen Regimentern des 18. Dragons und später bei den 3. Spahis eine gute Behandlung und vor allem bei der Bopparder Bevölkerung liebevolle Unterstützung und Hilfe.

Im Herbst wurde das Lager Koblenz dann sukzessive aufgelöst. Am 29. November 1945 bat die Stadtverwaltung die Militärregierung um Freigabe »*der Baracken auf dem ehemaligen Gefangenenlager Koblenz-Lützel für die Unterbringung von Arbeitskräften der Pfaffendorfer Brücke.*« Mehrere Baracken standen leer oder waren bereits von der Bevölkerung abgebrochen und gestohlen worden. Am 9. Januar 1946 stellte der deutsche Lagerführer des Kriegsgefangenenlagers A 10 in der Falckenstein-Kaserne den Antrag auf Freigabe von Kleidungsstücken, Unterwäsche und Schuhen. Der Antrag wurde von der Stadtverwaltung an den Stadtkommandanten Major Loudig weitergeleitet. Am 27. Februar 1946 fand eine Besprechung über das Gelände des ehemaligen Kriegsgefangenenlagers zwischen Vertretern der Stadt und Leutnant Brageux statt. Brageux gab zu Protokoll, dass mit dem Abbruch der Einfriedung sofort begonnen werden könne. Lediglich die Wasserhochbehälter sollten auf ihrem Platz verbleiben.

An seine Entlassung aus dem Lager Koblenz erinnert sich der Gefangene Walter Göbler (aus Wölferlingen/Westerwaldkreis) wie folgt:

»Ich hatte das Glück, nachweisen zu können, dass meine Eltern zu Hause einen kleinen landwirtschaftlichen Betrieb hatten. Dadurch kam ich ins Entlassungslager nach Koblenz. Dort ging alles etwas humaner zu. Nachmittags kamen wir im Lager an. Abends waren die Schrebergärten von uns schon total geplündert. Die Stachel- und Johannisbeeren, die gerade angesetzt hatten und noch vollkommen grün waren, wurden samt der Blätter als Delikatesse gegessen. Am nächsten Tag kam der Rasen dran. Wir lagen auf den Knien, rupften das Gras und Unkraut mit den Wurzeln aus, haben es gekocht und gegessen. In den nächsten Tagen wurde eine Feldküche aufgebaut. Nachts um 24 Uhr gab es seit zehn Wochen das erste warme Essen: Milchsuppe mit Rosinen. Wir waren alle begeistert, aber es war einfach zu wenig. Auch im Lager Koblenz sind noch sehr viele Kameraden an Unterernährung gestorben. Ich hatte mich freiwillig gemeldet, um Tote aus dem Lager zu tragen. Dafür gab es Sonderverpflegung, aber nach einigen Tagen war ich selbst so abgeschlafft, dass ich gerne auf die Sonderverpflegung verzichtete, um nicht selbst hinausgetragen zu werden. Am 15. Juli 1945 wurde ich zur Entlassung aufgerufen. Diejenigen, die bis zu 30 Kilometer Luftlinie von Koblenz zu Hause waren, mussten zu Fuß gehen. Als die Formalitäten – Wehrpass, politische Zugehörigkeit zu einer Partei, SA, SS, Hitlerjugend – überprüft waren, konnten wir das Lagertor verlassen. Mit noch fünf anderen Kameraden marschierten wir Richtung Westerwald. Nach zwei Kilometern waren wir alle so fertig, dass wir uns an den Straßenrand legten. Wir hatten großes Glück und wurden von einem Pferdefuhrwerk bis nach Höhr-Grenzhausen mitgenommen. Von da an ging es langsamen Schrittes, mit viel eingelegten Muss-Pausen, der Heimat entgegen. Nachts um ein Uhr kam ich in meiner Heimat Wölferlingen an. Ich habe noch eine halbe Stunde auf der Bank vor unserem Haus gesessen, ehe ich die Türklinke runtergedrückt habe. Meine Mutter hat mir die Tür geöffnet. Wir lagen uns in den Armen

und konnten vor Rührung nicht sprechen. Meine Großmutter sagte: ›Dat es us Walter net‹. Als gesunder, sportlich durchtrainierter junger Mann war ich in amerikanische Gefangenschaft gekommen. Ich war 1,87 Meter groß und wog 80 Kilogramm. Als menschliches Wrack kehrte ich nach einem Vierteljahr in meine Heimat zurück. Ausgemergelt, verbraucht, die Beine bis in den Bauch voll Wasser, bei einem Gewicht von 46 Kilogramm.«

(Quelle: Stadtarchiv Koblenz, Bestand DB 8, Nr, 12, Bericht Göbler)

Eine genaue Untersuchung der Sterblichkeitsrate im Lager Lützel fehlt bislang. Die damalige Rot-Kreuz-Schwester Ingeborg Burbach berichtet:

»Wir stellten beim DRK Totenlisten zusammen. Darauf stand durchweg als Todesursache Kreislaufversagen. Einige Koblenzer verendeten hinter dem Stacheldrahtzaun. Sie starben buchstäblich vor der eigenen Haustür.«

(Quelle: Stadtarchiv Koblenz, Bestand DB 8, Nr, 12, Bericht Burbach)

Unter den Gefangenen gab es auch Geistliche, die Gottesdienste abhielten. Im Lager Lützel Verstorbene sollen teilweise auf dem 1957 angelegten Ehrenfriedhof in Sinzig-Remagen begraben (vermutlich umgebettet!) worden sein. Zumindest in einem Fall ist nachgewiesen, dass ein in Koblenz-Lützel verstorbener Gefangener in Bad Bodendorf beigesetzt wurde.

6.07 Das Lager Siershahn

Zum Lager Siershahn liegen ziemlich genaue Angaben vor, die den Tagebuchaufzeichnungen des damaligen örtlichen Kaplans Ludwig Scheh zu verdanken sind. Demnach begann der Aufbau des Lagers am 14. Mai 1945, als die US-Armee das Firmengelände der Keramchemie am Berggarten beschlagnahmte. Einen Tag später begann die Einrichtung. Dazu wurden die Häuser an der Poststraße und mehr als 200 Morgen landwirtschaftlich genutzte Fläche in das Lagergelände einbezogen. An anderer Stelle ist die Rede von lediglich 100 Morgen. Unter amerikanischer Aufsicht errichteten deutsche Kriegsgefangene Stacheldrahtzäune, MG-Stände und Wachtürme. Das Lager war für eine Kapazität von 50.000 Gefangenen ausgelegt und reichte von der Poststraße bis an den Wald zur Autobahn und auf der anderen Seite bis zur Eisenbahnlinie Siershahn-Ebernhahn. Warum die Amerikaner Siershahn als Standort auswählten, kann nicht endgültig beantwortet werden. Vermutungen gehen dahin, dass man das hier beheimatete Unternehmen der Keramchemie als besonders nationalsozialistisch einstufte.

Am 5. Juni war das Lager fertiggestellt. Bis zum 12. Juni ordnete die Militärverwaltung die Räumung von weiteren Häusern im Umfeld des Lagers an (Bahnhofstraße, Neustraße, Schulstraße und Gartenstraße). Insgesamt waren von dieser Räumungsaktion 62 Häuser betroffen. Mitte Juni trafen die ersten Gefangenen in Siershahn ein. Am 4. Juli 1945 war das Lager wohl mit 7.000 Inhaftierten belegt. Die Einlieferungen zogen sich bis zum 6./7. Juli hin. Am 8. Juli 1945 zählte man rund 20.000 Gefangene; am 18. Juli waren es dann schon 25.500. Die Höchstbelegung wurde nach ungefähren Schätzungen mit 40.000 erreicht. Genaue Angaben dazu liegen auch hier leider nicht vor. Der Gefangene Pater Ebner, der im Juli nach Siershahn eingeliefert wurde, spricht von einer Unterteilung des Lagers in einen SS- und einen Wehrmachtsbereich. Die Abtrennung der SS-Angehörigen bestätigt auch der Gefangene W. Schmidt, der der SS angehörte. Siershahn war in sechs Camps zu je 5.000 Mann aufgeteilt. Dies schließt eine Höchstbelegung von 40.000 Mann zwar nicht aus, macht aber die genannten Zahlen unter 30.000 wahrscheinlicher.

Lagergelände in Siershahn (Aus: Ortsarchiv Siershahn)

Ein Gefangener erinnert sich an seine Ankunft in Siershahn wie folgt:

»Unter Schreien, Schlägen, Schießen und Bajonettstichen sind wir wie Vieh auf einen Acker getrieben worden, der aber nur teilweise mit Stacheldraht umzäunt war. Dort, wo sich noch kein Drahtzaun befand, standen Panzer und Maschinengewehre bereit. Um Fluchtversuche schon im Ansatz zu unterbinden, fegten Maschinengewehrsalven in Mannshöhe über das Gelände, wo wir am Boden lagen

oder in Erdlöchern kauerten. Wiederholt lagen am Morgen Tote und Verwundete auf den Äckern, die von solchen Salven getroffen wurden. Die Bewacher waren Amerikaner. Eine ärztliche Fürsorge war unter diesen Umständen unmöglich. Ich wollte einen Mann, dem der Fuß zerschossen wurde, zu einem Posten tragen. Es war mir nicht möglich. Sobald sich jemand erhob wurde geschossen.«

(Quelle: Ortsarchiv Siershahn)

Die ehemalige Berufsschule an der Poststraße diente als Lagerlazarett, ein kleineres Gebäude in unmittelbarer Nähe als Apotheke. Die Kommandantur der US-Armee befand sich, wie anfangs auch die Lagerküche, in den Fabrikräumen. Zur Wasserversorgung existieren unterschiedliche Angaben. Zu begründen ist dies mit entsprechenden Veränderungen im Verlauf der Monate Juni, Juli und August. So wird berichtet, dass anfangs lediglich in der Kommandantur Waschwasser ausgegeben wurde. Dann ist die Rede von einem hochgestellten Leitungsrohr, in das mehrere Löcher gebohrt wurden und schließlich von einer offen verlegten Wasserleitung aus der Tongrube »Unnerwald« und Zapfstellen im Lager.

Am 10. Juli 1945 wurde das Lager der französischen Besatzungsmacht übergeben. An anderer Stelle wird die Übergabe bereits auf den 8. Juli terminiert. Die französische Kommandantur wurde in der Leuteroder Straße eingerichtet. In der ersten Nacht unter französischer Leitung fiel während eines schweren Gewitters der Strom aus. Einige Gefangene nutzten diese Gelegenheit zu einem Fluchtversuch. Die Wachmannschaft schoss daraufhin unkontrolliert ins Lager. Neun Gefangene kamen dabei zu Tode. Bei deren Beerdigung durfte neben dem Pfarrer niemand anwesend sein. Am 22. Juli berichtet Kaplan Scheh von rund 500 Entlassungen.

Wie die Außenwelt das Lager erlebte, verdeutlicht ein Bericht eines Zeitzeugen, der am 27. August 1945 die Werksleitung der Keramchemie aufsuchte:

»Ein Blick in das kreuz und quer mit Stacheldraht umzäunte und mit Laufstegen durchsetze Gelände, das mit Wachtürmen umgeben war, war ein Blick ins Elend und in die Trostlosigkeit. Die Erde von den Bahngleisen bis zur Höhe des Berges bewegte sich von Menschen, die im Schlamm der Erde, die sich durch die häufigen Regengüsse in einen Sumpf verwandelt hatte, lagen. Ein Inferno, das derjenige, der es gesehen hat, niemals vergessen wird. Was durch Hunger, Krankheit und Verzweiflung Tausende damals auf nackter Erde erleben mussten, ist unvorstellbar, und viele Menschen haben das Lager nicht mehr lebend verlassen. Ununterbrochen fielen Schüsse, und es war lebensgefährlich, sich dem Stacheldraht zu nähern.«

(Quelle: Ortsarchiv Siershahn nach einer unveröffentlichten Arbeit von Florian Lamp, Siershahn)

Auch in Siershahn war die Unterbringung und Versorgung der Gefangenen zunächst völlig unzureichend. Es gab weder ein Dach über dem Kopf noch ausreichend Verpflegung, keine medizinische Versorgung und keine Hygiene. In jedem Camp hatte man eine Abortgrube ausgehoben und einen Balken darüber gelegt. Die höher gelegenen Latrinen liefen bei starkem Regen häufig über und dann drangen die Abwässer bis zu den Schlafplätzen der Gefangenen. Hans-Günter Simon schreibt zu seinem Aufenthalt in Siershahn:

»Mit 19 Jahren kam ich als Kriegsgefangener in das Lager Siershahn. Obwohl ich in Mündersbach wohnte, war an eine Heimkehr nicht zu denken. Erst einmal galt es in Siershahn zu überleben. Das kam schon wegen der Ernährung einem ewigen Kampf gleich. Morgens etwas Kaffee, mittags eine Wassersuppe und ein paar Kartoffelschalen und abends ein Brot für 50 Mann. Wie die Wilden hauste man in Erdlöchern. Wer einen Mantel hatte, schätzte sich glücklich. Ich erkrankte an der Ruhr und war acht Tage dem Tod nahe. Fast jeden Morgen wurden Tote auf einem Pferdefuhrwerk aus dem Lager gefahren. Am 2. September wurde ich aus Siershahn entlassen und kam für ein Jahr in ein Lager nach Frankreich.«

(Quelle: Ortsarchiv Siershahn nach Zeitzeugen Hans-Günter Simon, Mündersbach, in einem Aufsatz der Westerwälder Zeitung vom 25.8.1995)

Lagerleben in Siershahn (Zeichnung eines Gefangenen – Gemeindearchiv Siershahn)

Der Gefangene Ekkehard Guhr schildert den extremen Hunger im Lager:

> *»Bei der Ankunft in Siershahn begann sofort die Suche nach Essbarem. Sämtliche Frösche und Schnecken wurden gefangen und an Streichhölzern geröstet. Sie wurden dann mit unreifem Getreide und mit den ausgebuddelten erst daumengroßen Kartoffeln gegessen. Nach einem Tag gab es nichts mehr außer Gras. Tragisch war, dass einige Kameraden Zugang zu einem mehlähnlichen, chemischen Bindemittel der Keramchemie gefunden hatten, dieses in Blechdosen mit Wasser kochten und aßen. Dieser Brei brachte Siechtum und Tod mit sich.«*
>
> *(Quelle: Ortsarchiv Siershahn nach einem Beitrag von Dr. Ekkehard Guhr, 1998)*

Anfang August 1945 begann die langsame Auflösung des Lagers. Alle, die unter 17 und über 40 Jahre alt waren und nicht zu einer Waffen-SS- oder Polizeiformation gehörten, wurden entlassen. Andere wurden in Marschblocks zu je 500 oder 1.000 Mann eingeteilt und auf LKWs getrieben und abtransportiert. Am 10. September 1945 – das Lager war bereits zur Hälfte geleert – wurde es schließlich völlig aufgelöst. Vor allem Kranke und Geschwächte wurden nach Hause entlassen; viele arbeitsfähige Gefangene mussten den Weg zur Zwangsarbeit nach Frankreich antreten. Die rund 240 Patienten der Krankenstation wurden, ebenso wie die Wachmannschaft, in Lastautos zum Lager Andernach gebracht. Eine Woche nach der Auflösung fand man in einer Trockenkammer der Firma Keramchemie einen verhungerten Gefangenen.

Pfarrer Jakob Hehl (links) mit Kaplan Ludwig Scheh (aus Rhein-Lahn-Freund, 1970)

Auch in Siershahn half die Zivilbevölkerung den Gefangenen, soweit dies möglich war. Dabei tat sich besonders der damalige Pfarrer Jakob

Heinz Sadlowski
Dortmund, Redtenbacherstr 26

Dortmund, den 1.3.47

Sehr geehrter Herr Pfarrer.

Nachdem ich nunmehr in die Heimat zurückgekehrt bin, möchte ich Ihnen hiermit herzlich dafür danken, dass Sie sich damals im Juli und August 1945 für uns Kriegsgefangene im Lager Siershahn so eingesetzt haben. Nur durch die zusätzlichen Pakete der Bevölkerung sind viele Kameraden über diese und die spätere schwere Zeit gekommen. Nie werden wir diese hochherzige Hilfe vergessen. Sie werden bestimmt schon viele Dankesbriefe meiner Kameraden bekommen haben. Wenn mein Brief erst jetzt eintrifft, so liegt das an meiner späten Rückkunft. Allerdings wartet noch ein sehr sehr grosser Teil der "Siershahner" auf die Rückkehr in die Heimat.

Sehr geehrter Herr Pfarrer, mit meinem Briefe verbinde ich auch noch eine kleine Bitte. Ein Kamerad aus Godesberg hinterlegte damals (August 45) bei Ihnen von mir eine Feldflasche (mit braunem Holz überzogen). Ich weiss nicht, ob Sie diese Flasche noch so lange aufbewahrt haben. Sollte es aber dennoch der Fall sein, so bitte ich um Übersendung als Einschreibpäckchen. Sie werden verstehen, dass für mich als Ausgebombten die Flasche nebst Inhalt heute sehr wertvoll ist.

Nochmals herzlichsten Dank für Ihre Hilfe

Ihr

Dankschreiben an Pfarrer Hehl (Gemeindearchiv Siershahn)

Hehl hervor. Er trat den Besatzungsmächten selbstbewusst und unerschrocken entgegen. Als die Wachmannschaft Spenden von Einzelpersonen die Annahme verweigerte, organisierte Hehl eine so genannte Liebespaketaktion. Am 25. Juli brachte er die ersten Lebensmittel ins Lager. Bis Ende Juli konnte er mehr als 5.000 Lebensmittelpakete zu den Gefangenen bringen. Nicht nur in Siershahn, auch in den umliegenden Gemeinden wurde für die Inhaftierten gesammelt. Ein Auto brachte allein aus Mündersbach (Westerwald) 85 Pakete.

In Siershahn lässt sich, im Gegensatz zu den meisten anderen Lagern, die Zahl der Toten ziemlich exakt bestimmen. Die Liste umfasst 91 Namen. Beigesetzt wurden diese auf den Friedhöfen in Siershahn, Dernbach und Ebernhahn. 1961 richtete die Landesregierung in Zusammenarbeit mit dem »Volksbund Deutsche Kriegsgräberfürsorge« auf dem Siershahner Friedhof für die Toten des Lagers eine Kriegsgräberstätte ein, die am Volkstrauertag 1961 feierlich eingeweiht wurde.

6.08 Das Lager Diez

Das Lager in Diez war keines der typischen Rheinwiesenlager, wie man sie linksrheinisch und an der Nahe vorfand. Es lag wie Siershahn, rechts des Rheins, es wurde nicht auf freiem Feld errichtet und es bestand über einen verhältnismäßig langen Zeitraum.

Das Lager Diez lässt sich in drei Nutzungsphasen unterteilen:
Phase 1: Kriegsgefangenenlager der Wehrmacht (1939-1945)
Phase 2: Rheinwiesenlager (1945)
Phase 3: Lager für politische Gefangene (1945-1947)

Bereits 1939 richteten die Nationalsozialisten das Lager unmittelbar an der Stadtgrenze zu Limburg ein. Es grenzte zudem an die Strafanstalt Diez und den Bahnhof Diez-Ost. Das Lagergelände umfasste ein Areal von 23 Hektar. Geführt wurde es als Stalag (Stammlager) XIIA Limburg. In den folgenden Kriegsjahren waren hier bis zu 43.000 Kriegsgefangene aus verschiedenen Nationen untergebracht; nach dem Russland-Feldzug vorwiegend sowjetische Gefangene. Sie mussten Zwangsarbeit in der Landwirtschaft, in der Forstwirtschaft und im Bergbau leisten. Wie in den späteren Rheinwiesenlagern herrschten auch hier völlig haltlose Zustände hinsichtlich Verpflegung

Das Lager Diez um 1941 (A. Baumann/Stadtarchiv Diez)

und Sanitärausstattung. Besonders zu leiden hatten die russischen Soldaten. Für sie gab es kaum etwas zu essen und ihre Sterberate lag bei 20 Prozent – weit höher als in den Rheinwiesenlagern. Am 23. Dezember 1944 kamen bei einem Bombenangriff zahlreiche Gefangene ums Leben.

Wann genau in Diez aus den Deutschen als Bewacher plötzlich Häftlinge wurden, lässt sich nicht mehr feststellen. Wahrscheinlich hat die US-Armee nach der Einnahme von Diez und Limburg Ende März 1945 die Umwandlung eingeleitet. Was das Lager Diez zudem von den anderen Rheinwiesenlagern unterschied, war das Vorhandensein von Baracken. Außerdem verfügte es über eine gewisse Infrastruktur (Wasseranschluss, Toiletten, usw.). Anfang Juni wurden die Insassen des Kriegsgefangenenlazaretts in Heidesheim nach Diez verlegt. Bis zum Sommer waren hier etwa 30.000 bis 35.000 Kriegsgefangene untergebracht. Diese Zahlen nennt der Diezer Stadtarchivar Arno Baumann in einem Beitrag der »Rhein-Lahn-Zeitung«. Als die Franzosen am 10. Juli 1945 das Lager Diez übernahmen, zählten sie noch 22.000 Gefangene. Diese wurden nun zügig entlassen, bzw. an andere Lager überstellt.

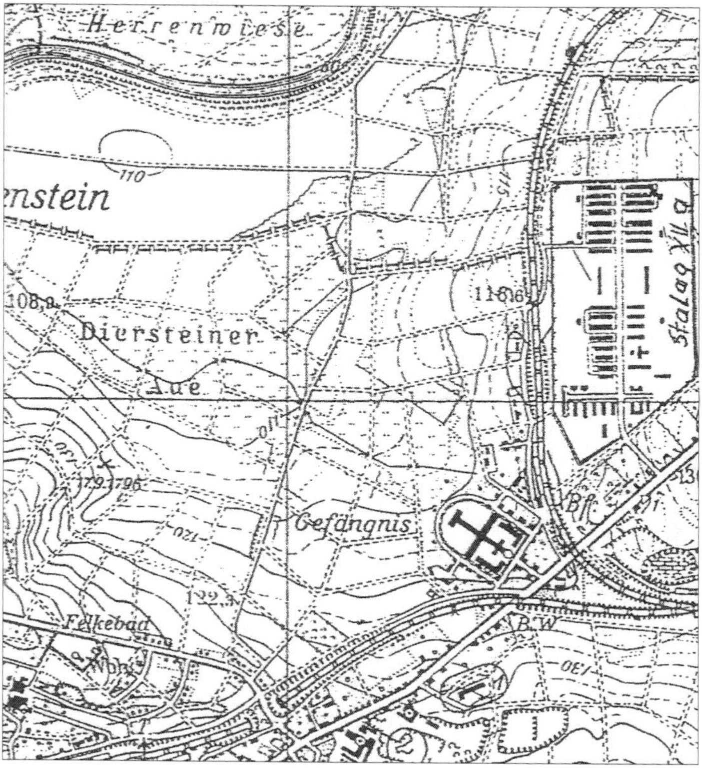

Plan zum Lager Diez (Aus Crone, 1998, S. 335, nach Stadtarchiv Diez)

Das Lager bestand aber weiter und zwar als Kriegsgefangenenzweiglager 232 Rheinland-Pfalz Ost. Es beherbergte nun vorwiegend politische Gefangene, NSDAP-Mitglieder, NS-Kreisleiter und sonstige Funktionäre aus dem NS-Machtapparat. Anfang 1946 kamen 2.000 Häftlinge aus Idar-Oberstein nach Diez. In dieser Funktion bestand das Lager zwei weitere Jahre unter dem Regiment der französischen Militärherrschaft. 1947 ergab sich wieder eine Nutzungsänderung. Jetzt sammelte man hier, unter der Obhut der Internationalen Flüchtlingsorganisation (IRO) so genannte DPs. Dazu zählten ehemalige Zwangsarbeiter, die nicht mehr in ihre Heimat zurück konnten, Verschleppte und Heimatlose. Die IRO organisierte in der Folgezeit umfassende Auswanderungen der Insassen; besonders in die USA.

Während die Lagerphasen 1 und 3 recht gut dokumentiert und auch noch in der Erinnerung geblieben sind, ist zur »Rheinwiesenzeit« kaum etwas in Erfahrung zu bringen. Dies ist damit zu begründen, dass die Phase 2 nur wenige Monate andauerte und die Zeiten vorher und nachher viel mehr Aufmerksamkeit erlangten.

Zu den Todeszahlen sind beim Standesamt Diez dreizehn Einträge dem Lager zuzuweisen. Allesamt verstorben an Entkräftung. Auch hier ist nicht sicher, ob damit alle Todesfälle erfasst wurden.

Eingangstor zum Lager Diez um 1941 (A. Baumann/Stadtarchiv Diez)

6.09 Das Lager Dietersheim

Dietersheim ist heute ein Stadtteil von Bingen / Rhein. Im dortigen Stadtarchiv haben sich auch Unterlagen zum Lager erhalten. Im Lager Dietersheim, zwischen den damaligen Ortschaften Dietersheim und Sponsheim gelegen, waren zeitweise rund 100.000 Gefangene untergebracht. Laut amerikanischen Quellen wird das Lager unter der Abkürzung A8 geführt, war für 100.000 Gefangene angelegt und zählte am 8. Mai 1945 lediglich 1.977 Insassen. Einer von Ihnen war der spätere Mitarbeiter der Stadtverwaltung Bingen Heinz Bucher, der zu seinen Erlebnissen im Lager auch eine kurze Chronik veröffentlicht hat. Daraus wird im Folgenden zitiert:

»Ende April 1945 ebneten amerikanische Pioniere ein riesiges Areal mit großen Planierraupen ein. Doppelter Stacheldrahtzaun und Wachtürme wurden errichtet, das Gelände in 25 Camps unterteilt. Rücksichtslos wurden die Felder durchpflügt und Lagerstraßen angelegt.
Die Grenzen des Lagers verliefen etwa östlich von Dietersheim, dann am früheren Bahndamm Münster-Sarmsheim - Hindenburgbrücke entlang zur Dromenheimer Chaussee. Daselbst bis in die Nähe der Bahnstation Rüdesheim-Dromersheim. Vor Sponsheim verlief die Grenze an der Landstraße 114 westwärts zum Zufahrtsweg der Sponsheimer Mühle bis vor Grolsheim und zur Nahe bei Dietersheim. Die Fläche betrug etwa 500 ha. Somit konnte fast die gesamte Gemarkung der Gemeinden Dietersheim und Sponsheim nicht mehr landwirtschaftlich genutzt werden. Die anstehende Ernte war zum größten Teil vernichtet und das in einer Zeit großer Not der Zivilbevö1kerung.
Bereits wenige Tage nach Einrichtung des Lagers trafen die ersten Gefangenentransporte ein. Bis Mitte Mai war das Lager mit etwa 75.000 bis 85.000 Gefangenen belegt. Diese Zahl erhöhte sich zeitweilig auf über 100.000.
Im Lager waren die verschiedensten Menschen versammelt; ungarische und rumänische Soldaten, Frauen, Kinder, Kriegsversehrte und Männer, die über 70 Jahre alt waren.
Wie schon gesagt, war die Versorgung der Gefangenen in den ersten Wochen katastrophal. Sie holten sich die in den Camps vorhandenen unreifen Früchte, Blätter von den Bäumen sowie Gras und kochten mit stark chlorhaltigem Wasser, das von der Nahe in einer Röhrenleitung zum Lager gepumpt wurde, eine kaum genießbare Suppe. Die von Durchfällen geplagten Menschen mußten auf Balken, die über Erdlöchern angebracht waren, ihre Notdurft verrichten.«

(Quelle: Bucher: Kriegsgefangenenlager in der Umgebung von Bingen, 1991)

In seinem Bericht kommen noch weitere Zeitzeugen zu Wort. So beispielsweise Prof. Dr. Carl Schneider, der folgendes festgehalten hat:

»Nacht. Neben mir liegt Jakobi. Zwei Tage hat es nun schon geregnet. Wir haben kein Zelt, keine Decke. Eine Plane und ein alter Mantel schützen uns noch notdürftig. Heute konnte ich zum ersten Male nicht mehr aufstehen. Wie soll man morgen noch Wasser holen? Zu essen gab es heute zwar eine Hand voll Erbsen, aber wir konnten sie nicht kochen – kein Holz. Tausende um uns, denen es ebenso geht … Werden wir verhungern, verdursten oder erschossen? Es ist jetzt alles gleich.«

(Quelle: Schneider: Erinnerungen an Hedesheim, o.J. bzw. Internet: www.rheinwiesenlager.de/HeinzBucherKriegsende)

Erst von Mitte Mai an wurden Lebensmittel ausgeteilt, und zwar löffelweise Erbsen, Bohnen, Reis, Milchpulver, Eipulver und pro Mann etwa 50 Gramm Dosenfleisch. Die Gefangenen mussten sich selbst das Essen zubereiten. Weinbergspfähle und Bäume dienten als Brennholz.

In ihrer Bedrängnis versuchten viele durch den Stacheldraht zu flüchten. Sie wurden von den Lagerwachen beschossen, einige dabei getötet.

Der Dietersheimer Pfarrer Otto hat einige der so genannten »Hungerbriefe« aufbewahrt, in denen die Insassen die Bevölkerung verzweifelt um Hilfe bitten. Auszugsweise heißt es hier:

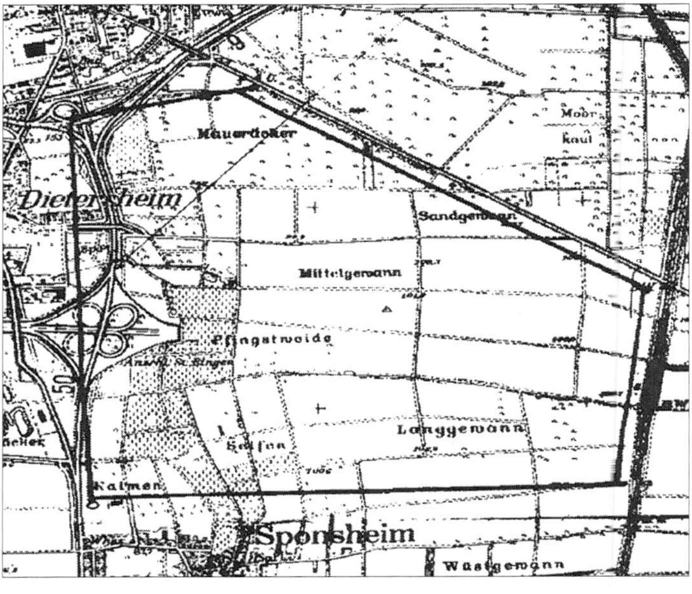

Stadtarchiv Bingen nach Bucher, »Kriegsgefangenenlager in der Umgebung von Bingen 1991«

Brief 1:
»Ich bin als Kriegsgefangener hier im Lager untergebracht. Von Verwundung geheilt, hat mich ein Herzleiden und Thrombose und die für meinen kranken Körper unzureichende Kost völlig heruntergebracht. Mit Küchen- und Obstabfällen wäre ich herzlich gerne zufrieden. Meine Bitte entspringt wirklicher Not und bitte ehrlich um weiter nichts als um Abfälle, die meine Kameraden mir hier kochen würden.«

Brief 2:
»Durch eine vorangegangene schwere Krankheit und der anschließenden viermonatigen Gefangenschaft bin ich körperlich sehr herunter und liege wegen Unterernährung hier im Krankenrevier. Da meine Eltern in Berlin wohnen, können sie mir leider keine Hilfe zuteil werden lassen. Ich bitte Sie, einem gutherzigen Menschen meine Anschrift zu geben und um eine kleine Liebesgabe für mich zu bitten.«

Brief 3:
»Wären Sie sehr freundlich und würden mir einige alte Kartoffeln, Weizen- oder Gerstenkörner oder sonst eine kleine Gabe schicken. Ich wäre Ihnen so dankbar … Seien Sie gegrüßt von Ihrem hungrigen R.B.«

(Stadtarchiv Mainz, Bestand 070/1026, sowie Stadtarchiv Bingen, Auskünfte durch Herrn Kossmann)

Heinz Bucher war von Anfang Juni bis zum 17. Juli 1945 im Lager Dietersheim gefangen. Auch seine persönlichen Eindrücke aus dieser Zeit hat er seinem Bericht beigefügt:

7.03.1945: In amerikanischer Gefangenschaft bei Flammersfeld/Westerwald. Die Reste unserer Truppe wurden in die Massenlager Remagen und Sinzig am Rhein gebracht. Einige Tage später kam ich in ein großes Lager in Namur/Belgien. Dort lernten wir mit ganz minimaler Verpflegung auszukommen. In den ersten Tagen erhielten wir nur getrocknete, in Wasser aufgekochte Rote Beete bis sie uns zum Hals herauskamen. Ich wurde zum Arbeitskommando ›Börse‹ (im Krieg deutsche Ortskommandantur) eingeteilt. Wir mussten täglich etwa neun Stunden, auf den Knien rutschend, das Parkett abschaben, bis sich überall an den Fingern nur noch Blasen zeigten. Die Bewacher waren bewaffnete Zivilisten. Wollte man sich wegen der Rückenschmerzen einmal aufrichten, bekam man einen MP-Kolben ins Kreuz. Der tägliche Marsch zur Arbeitsstätte war die Hölle. Mit Knüppeln geschlagen und mit Steinen beworfen, wurden wir durch die Stadt getrieben. Unsere Bewacher sahen grinsend zu. In diesen Tagen wurde ich für kurze Zeit in ein Vernehmungslager des amerikanischen Intelligence-Ser-

vice in Revin/Nordfrankreich gebracht. Da ich eine Zeit lang zu Stäben abkommandiert war, wollte man das eine oder andere über deutsche Geheimwaffen erfahren. Nach einigen Tagen stellten sie fest, mehr darüber zu wissen als ich. Sie schickten mich zurück nach Namur mit der Bemerkung, dass ich anschließend aus der Gefangenschaft entlassen würde. Anfang Juni wurde ich aufgerufen zur Entlassung. Der amerikanische Offizier (ein Jude) sagte zu mir, dass in den aus Revin erhaltenen Papieren stehe, ich sei Bauer mit 30 Morgen Feld und deshalb sei meine Entlassung empfohlen worden. Er lachte und sagte: ›Ich frage mich, wo in Bingen ein solch großer Bauernhof ist, aber die wollten dir gut, dann hau ab!‹ Ich wurde tags darauf nach Dietersheim zur Entlassung überstellt. Von Verpflegung war in den ersten Tagen nichts zu sehen. Obwohl ich vom letzten Lager (Namur) nicht verwöhnt war, bekam ich Magenkrämpfe vor Hunger. Das Wetter war wechselhaft. Nach Hitze folgten heftige Gewitter mit Sturmböen und wolkenbruchartigen Regenfällen. Da die Zeltplanen bei der Gefangennahme einbehalten wurden, hatten wir keinen Schutz vor den Launen der Witterung. Mit bloßen Händen gruben wir Erdlöcher, um darin einigermaßen geborgen zu sein. An heißen Tagen suchten wir Schatten in diesen Löchern. Wenn Wind aufkam, war über dem Lager eine einzige Staubwolke. Das knappe und trübe Wasser löschte kaum den Durst. Nach einiger Zeit wurde auch Verpflegung ausgeteilt. Je ein Löffel Milchpulver, Eipulver, Bohnen und Kaffee. Das Ganze, in einer mit gelbbraunem Wasser gefüllten 5-Literdose gekocht, ergab ein ›wunderbar‹ schmeckendes ›Abmagerungsmenü‹. Manche hatten das Glück, dass sie bei ihrer Gefangennahme nicht ausgeplündert wurden. Sie hatten noch die Armbanduhr und den Ehering Diese Gegenstände waren bei den Amerikanern willkommene Tauschobjekte. Ein paar Zigaretten für eine Uhr oder einen Ehering. Das Rauchen unterdrückte eine Zeitlang den Hunger – Lebensmittel wurden nicht getauscht. Täglich hörten wir vom Rande des Lagers Schüsse. Es ging das Gerücht um, die Schüsse würden auf fliehende Gefangene abgefeuert. Wir erfuhren von Mitgefangenen aus anderen Camps, dass sogar auf Zivilisten, die Lebensmittel durch den Zaun reichen wollten, geschossen worden sei. Ich hörte wohl auch sehr oft Schüsse, aber weshalb geschossen wurde, konnte ich nicht erkennen, da ich mich nicht in der Nähe des Lagerzaunes befand. Die verstorbenen Menschen wurden nachts heimlich zum Lagertor gebracht und mit LKWs abtransportiert. Wo man sie begrub, erfuhren wir nicht. Es verlautete, man habe sie in Daxweiler beigesetzt. Die Amerikaner hatten zwecks besserer Verständigung und Aufrechterhaltung einer gewissen Ordnung deutsche Gefangene – meistens höhere Dienstgrade – zur Lagerleitung eingesetzt. Darunter solche, die es verstanden hatten, ganz schnell ›das Hemd zu wechseln‹. Statt den Hungernden in ihrer Not beizustehen, machten sie sich unbeliebt, da sie die Anordnungen der Amerikaner hart durchsetzten. Anfang Juli übernahmen die

Franzosen das Lager. Die armen Kerle hatten anscheinend selbst kaum etwas zu beißen, denn für uns blieb anfänglich gar nichts mehr übrig. Der Lagerleiter war ein Franzose namens Schuster; er sprach fließend Deutsch. Er war offensichtlich bemüht, die Zustände im Lager zu verbessern. Er gestattete Bürgern der umliegenden Gemeinden, Lebensmittel für die Gefangenen zu sammeln und am Lagerzaun abzugeben. Aber auch das war nicht gefahrlos, wie aus folgender Eintragung im Kirchenbuch der katholischen Kirche von Bingen-Büdesheim sowie aus der abgebildeten Gedenkanzeige hervorgeht: ›Frau Maria Agnes Spira, geb. Werner, verwitwet, geb 10.09.1897. Tragisches Ableben (erschossen in Dietersheim), am 31.07.1945. Beerdigt am 03.08.1945.‹ Nach und nach verkleinerte man das Lager. Offensichtlich entließ man Kranke und Gebrechliche oder überführte sie nach Bretzenheim. Die Franzosen suchten Arbeitskräfte für ihre Bergwerke und viele – so auch ich – wurden für den Transport nach Frankreich vorgesehen. Bis zu diesen Tagen waren einige Camps in Richtung Dromersheim nicht belegt. Dort war das Korn, auf von der Planierung verschonten Feldern, gereift. Den Bauern wurde gestattet, das Getreide abzuernten und einzubringen. Ich war mit dabei, das Lazarett des Lagers zu verlegen und ging auf einer der Lagerstraßen. Hinter mir kam ein Fahrzeug mit Getreide. Der Begleiter des Fuhrwerkes kam auf mich zu und sagte: ›Mensch Heinz! Du bist hier im Lager? Komm verkrieche dich im Korn, ich nehme dich mit raus.‹ Es war mein Schulkamerad Philipp Walter, der mich erkannt hatte. Ich lehnte sein Angebot ab, da ich eine Gefahr für mich und für ihn in der Flucht sah. Ich gab ihm einen Zettel an meine Mutter mit, worauf ich ihr mitteilte, dass ich hier im Lager sei. Sie soll beim Bürgermeister von Büdesheim einen Antrag auf Entlassung stellen, da ich in der Landwirtschaft gebraucht werde und mein Vater vermisst sei. Einige Tage später wurde ich an das Lagertor gerufen – Besuch erwarte mich. Es war meine Mutter. Sie brachte mir einen riesigen Topf Karottengemüse mit, das ich mit Heißhunger verschlang. Sie sagte, sie habe beim Ortsvorsteher Götze einen Entlassungsantrag für mich gestellt. Sie kam jeden Tag ans Tor und brachte Lebensmittel mit. Ich hatte jedoch nichts davon. Wenn ich damit zum Camp kam, wurde ich buchstäblich von meinen Leidensgenossen überfallen und ausgeplündert. Für mich blieb nichts, höchstens ein Kanten Brot. Am 17. Juli 1945 war ich wieder am Tor und sprach mit meiner Mutter. Da fuhr ein Auto ins Lager. Es stieg ein Zivilist aus, der auf den in der Nähe stehenden Lagerleiter Schuster zuging. Er sagte zu ihm, dass er einen Antrag einer Frau Bucher vorliegen habe, deren Sohn hier im Lager sei. Sie bittet um seine Entlassung. Ich nahm das Gespräch wahr und eilte sofort zu den beiden hin und sagte: ›Ich bin der Bucher.‹ Ich berichtete Schuster, dass ich von den Amerikanern zur Entlassung eingewiesen worden sei, die Entlassungspapiere müssten vorliegen. Er wühlte in den Akten und sagte: ›Da hat sich doch einer meiner deutschen Hel-

fer mit Ihren Papieren selbst entlassen.‹ Er wolle der Sache nachgehen. Meine Mutter bestätigte meine Identität und Schuster gab mir einen Zettel in die Hand mit dem Hinweis, dass ich nach Hause gehen könne. Ich hatte natürlich nichts Eiligeres zu tun, als sofort durchs Lagertor zu verschwinden (...) Ich konnte (...) mich trotz meines Gewichts von nur 49 Kilo – inklusive Lumpen – heil aus dem Inferno retten.«

(Quelle: Bucher: Kriegsgefangenenlager in der Umgebung von Bingen, 1991 bzw. Internet: www.rheinwiesenlager.de/dietersheim.htm)

Frauen aus Dietersheim und umliegenden Orten versuchten immer wieder, Lebensmittel ins Lager zu bringen. Besonders die Amerikaner untersagten dies strengstens und feuerten gar Warnschüsse auf diese Frauen ab. Sie veranlassten auch entsprechende Bekanntmachungen durch die Kreisverwaltung Bingen:

»28. Mai 1945. Betreffend: Verabreichung von Nahrungsmitteln an deutsche Kriegsgefangene durch die Zivilbevölkerung.
Mitteilung Nr. 9.
An die Bürgermeister des Kreises.
Auf Anordnung der Militärregierung ist es allen Bewohnern des Kreises Bingen mit sofortiger Wirkung streng verboten, irgendwelche Nahrungsmittel an deutsche Kriegsgefangene zu verabreichen. Nahrungsmittel, die von der Bevölkerung den Kriegsgefangenen verabreicht werden, werden den ausländischen Zwangsarbeitern zugeführt. Deutsche Kriegsgefangene werden von dem amerikanischen Militär verpflegt und brauchen keine Nahrungsmittel von der Bevölkerung.
gez.: Dr. Frhr. v. Frentz«

Ein weiterer Brief der Kreisverwaltung Bingen zielt in die gleiche Richtung.

»29. Mai 1945
Betreffend: Kriegsgefangenenlager.
An die Bürgermeister des Kreises.
Es besteht Veranlassung daraufhinzuweisen, dass es der Zivilbevölkerung verboten ist, sich in der Nähe von Kriegsgefangenenlagern aufzuhalten. Auch mehren sich die Fälle, in denen Zivilpersonen versuchen, den Gefangenen Gebrauchsgegenstände und dergl. zu geben, was für die Gefangenen und die Bevölkerung unangenehme Folgen haben kann. Gebrauchsgegenstände für deutsche Soldaten können beim Roten Kreuz oder bei der jeweiligen Bürgermeisterei zur Weiterleitung dorthin abgegeben werden. Ich ersuche, diese Bekanntmachung in ortsüblicher Weise zu veröffentlichen.
gez.: Dr. Frhr. v. Frentz«

(Quelle Internet: www.rheinwiesenlager.de/Dietersheim.htm)

Die Bevölkerung ließ sich durch diese Anordnungen aber nicht einschüchtern. Trotz des Risikos wurde immer wieder versucht – oft mit Erfolg – Lebensmittel ins Lager zu schmuggeln.

Nachfolgend Aussagen der Zeitzeuginnen Elisabeth Walter und Freya Hammer, beide 1945 wohnhaft in Bingen. Sie berichten von eigenen Erlebnissen im Zusammenhang mit dem Gefangenenlager in Dietersheim. Nach Bekanntwerden des Elends im Lager Dietersheim brachten sie – wie viele andere Frauen – Lebensmittel. Sie versuchten, diese am Stacheldrahtzaun den Gefangenen zu übergeben. Dabei wurden sie mehrmals von den Lagerwachen beschossen. Einmal pfiffen die Kugeln dicht an ihren Köpfen vorbei. Frau Walter und Frau Hammer erinnern sich daran, dass sie Dank der Vermittlung eines deutschen Offiziers aus dem Lager auf einem Kopiergerät Entlassungsscheine drucken durften. Mit der Schreibmaschine wurde der Text auf Wachsmatrize geschrieben und auf dem Kopiergerät vervielfältigt. Viele Gefangene wurden in den Abendstunden entlassen. Sie wollten den Rhein auf der von den Amerikanern gebauten und bewachten Pontonbrücke an der Festhalle in Bingen überqueren, um in die amerikanische Zone auf der Rüdesheimer Seite zu gelangen. Da die Gefangenen zumeist gegen Abend in Bingen eintrafen, gerieten Sie in die von den Franzosen angeordnete nächtliche Sperrstunde. Die Franzosen fingen die kurz zuvor Entlassenen wieder ein und brachten Sie ins Lager zurück. Viele wurden von den genannten beiden Frauen vor diesem Schicksal bewahrt. Sie holten die Männer von der Straße weg, um Sie in ihrem Haus über Nacht unterzubringen. Am nächsten Tag – nach der Sperrstunde – konnten Sie dann die Brücke gefahrlos überqueren.

Auch an der Brücke gab es oft Schwierigkeiten. Die amerikanischen Wachtposten ließen keinen ohne Entlassungspapiere zur anderen Rheinseite passieren, falls auf dem Papier ein Stempel fehlte. Frau Walter und Frau Hammer wussten davon. Sie nahmen einen privaten Stempel und drückten ihn auf die Entlassungspapiere. Die amerikanischen Posten an der Brücke kontrollierten diese, sahen den dicken Stempelabdruck und ließen die Männer ohne Kommentar passieren – die deutschen Wörter und Abkürzungen im Stempel waren für sie nicht verständlich.

Eine andere Zeitzeugin ist Frau Maria Schiffer aus Singen. Sie war 1945 31 Jahre alt und fuhr täglich mit dem Fahrrad nach Grolsheim, um bei einem Bauern zu arbeiten, da es dort etwas zu essen gab. Ihr Weg führte am Gefangenenlager vorbei, in dem sich auch der Apotheker Georg Fuhry befand. Ihm – und anderen Leidensgenossen – warf sie Brot über den Zaun, das sie sich beim Bauern verdient hatte. Im Lager war noch ein weiterer Bekannter inhaftiert, dem sie manchmal auch Post brachte. Zusammen mit anderen Helfern fuhr sie auf Bauernwagen Lebensmittel ans Lager heran, was sie noch im Nachhinein als furchtbar bezeichnet, da sich die Gefangenen sogleich um die Lebensmittel rauften. Das war aber schon zu der Zeit, als das Lager unter französischem Kommando stand. Die französisch-marokkanischen (oder algerischen?) Wachsoldaten erklärten deshalb, entweder mehr Lebensmittel zu bringen oder gar nichts, da die Gefangenen sich ansonsten beim Kampf um das Brot zerfleischen würden. Die französischen Wachen vermochten die Not nicht mit anzusehen und öffneten den Gefangenen manchmal nachts die Tore, damit sie sich auf den umliegenden Äckern mit bloßen Händen Kartoffeln ausgraben konnten. Sie mussten allerdings versprechen, nicht zu fliehen. In zwei Töpfen (Inhalt je 3 bis 4 Liter) brachte Frau Schiffer die von ihrer Mutter gekochte Suppe ins Lager. Die Frauen hatten darin wasserdicht eingewickeltes Briefpapier versteckt, um den Gefangenen zu ermöglichen, Nachricht an ihre Angehörigen zu geben. Diese Mitteilungen wurden in den leeren Suppentöpfen herausgeschmuggelt.

Ein Herr Schitthoff aus Dietersheim erinnert sich, dass sein Vater auf einem Pferdefuhrwerk Getreide durch das Lager gefahren habe, und zwar in dem Teil, der nicht von Inhaftierten belegt war. Die Inhaftierten kamen näher und warfen Seifenstücke in Papier verpackt auf den Wagen. Darauf standen Heimatadressen, mit der Bitte, die Angehörigen zu benachrichtigen.

Egon Link aus Singen kam mit 17 Jahren in das Lager, aus dem ihm sogar die Flucht gelang. Gemeinsam mit zwei Kameraden unterlief er einen der Wachtürme. Sie turnten auf Brettern über den Stacheldraht, rannten bis zur Straße und versteckten sich dann in einem Haus in Büdesheim. Dort wurde ihnen aber klar gemacht, dass sie ohne einen Entlassungsschein keine Chance hätten, nach Hause zurückzukehren. So gingen sie wieder ins Lager zurück und erhielten zur Strafe vierzehn Tage Kerkerhaft. So erlebte er, dass am Lagertor ein reger Handel zwischen der Wachmannschaft und den Gefangenen erblüht war: Rauchwaren gegen Geld, Uhren und Eheringe.

Für die ärztliche Betreuung der Gefangenen wurde ein Lazarett unter deutscher Leitung eingerichtet. Die schweren Fälle behandelte man in einem amerikanischen Lazarett außerhalb des Lagers. Dies bestand aus 50 Großzelten. Es konnten dort bis zu 1.000 Patienten aufgenommen werden. Angesichts der großen Not im Lager waren aber diese Einrichtungen nicht ausreichend. Im Juni 1945 wurden Gefangenenlager der Umgebung aufgelöst und deren Insassen auf die Lager Kreuznach und Dietersheim verteilt. In langen Kolonnen bewegten sich ausgemergelte Gestalten zu Fuß nach Dietersheim, darunter

Hunderte von Hirnverletzten in Lazarettkleidung. Wie Dr. Schreiber berichtete, war unter den neu Angekommenen der Chefarzt Dr. Dr. Kurth. Zu dieser Zeit hatte man den bisherigen Chefarzt im so genannten »Käfig« eingesperrt. Der deutsche (!) Arzt hatte Kriegsgefangene auspeitschen lassen und versucht, die Besatzungsmacht zu betrügen. Dr. Dr. Kurth, ein qualifizierter Oberarzt der Charité in Berlin, wurde nun mit der Oberleitung der Lazarette betraut. Er fand nur Elend und Jammer vor. Dr. Schreiber berichtet:

> *»Eine stets wachsende Zahl von ›prisoners‹, ein Meer des Jammers und der Not: Unter den 25 Einzelcamps ein Sonderlager für die SS in Stärke von einigen tausend Mann, welche die Härte des Hungers und der Entbehrung besonders traf, ob schuldig oder unschuldig, ob freiwillig oder gezwungen in dieser militärischen Formation … (Anm. d. Verf.: Dr. Schreiber unterscheidet nicht zwischen SS und Waffen-SS. In die Verbände der Waffen-SS wurden viele junge Männer zwangsweise eingegliedert). Unter ihnen befanden sich etwa einhundertzwanzig von so genannten ›automatic-arrested men‹, d. h. die automatisch wegen ihres verdächtigen Berufes als besonders belastet galten, nämlich Juristen, Studienräte, Forsträte, Beamte im Akademikerrang, Journalisten usw. Unter den genannten Insassen entdeckte der neue ›chiefdoctor‹ auch unbescholtene, biedere, echte Volksdeutsche aus dem Banat, die man verschleppt hatte, nachdem ihnen die Blutgruppe unter dem Arm eingebrannt worden war. Weiterhin bestand ein Sondercamp für 3.000 Jugendliche im Alter von 14 bis 18 Jahren und für sonstige Gefangene in Zivil bis über 70 Jahre.«*
>
> *(Quelle: nach Unterlagen aus dem Stadtarchiv Bingen)*

Der Mediziner sorgte für eine Verbesserung der Verpflegung und der Trinkwasserqualität. So war eine aufkommende Seuchengefahr zu verhindern. Unter den Gefangenen befanden sich auch Geistliche beider Konfessionen. Sie übten die Seelsorge im jeweiligen Camp aus. Unter strenger Bewachung durften sie das Dietersheimer Pfarrhaus aufsuchen, um die für den Gottesdienst notwendigen Gegenstände in Empfang zu nehmen. Ende Juni begannen die Amerikaner mit der Entlassung von Gefangenen, darunter waren vor allem Kranke, Versehrte, Frauen und Kinder. Anfang Juli 1945 wurde bekannt, dass das Lager den Franzosen übergeben werden sollte. Dies geschah denn auch am 10. Juli. Etwa 60.000 Gefangene blieben nach Abzug der Amerikaner im Lager zurück. Der französische Lagerkommandant, Oberleutnant Schuster, erwies sich entgegen aller Befürchtungen als ein Offizier mit Herz. Angesichts des Elends versuchte er die Verhältnisse zu bessern. Es war ihm jedoch kaum möglich, da selbst die französischen Soldaten in Bezug auf Verpflegung auf Requirierung bei der Bevölkerung in den umliegenden Dörfern angewiesen waren. Sie konnten nicht wie die Amerikaner auf Lebensmittelnachschub aus ihrer Heimat rechnen. Auch die medizinische Versorgung des Lagers verschlechterte sich wesentlich trotz anerkennenswerter Bemühungen der Franzosen. Leider hatten die Amerikaner ihre gut ausgestatteten Lazaretteinrichtungen mitgenommen. Die Franzosen waren dagegen nur primitiv ausgerüstet. Infolgedessen verschlechterte sich die Lage der Gefangenen.

Als alle Lagergeistlichen entlassen wurden, verfügte Kommandant Schuster, dass der Ortspfarrer Como die Lagerseelsorge übernahm. Er arbeitete dabei mit dem evangelischen Pastor Wilke aus Halle zusammen. Schuster wurde schon nach kurzer Zeit wieder abberufen. Sein Nachfolger, der allerdings nur etwa zwei bis drei Wochen amtierte, galt als »wilder Mann«. Hunger und Krankheiten erreichten zu seiner Zeit den Höhepunkt. Als nächster Lagerleiter fungierte Captain Julien. Dieser war erschüttert über das vorgefundene Massenelend. Über ihn weiß James Bacque folgendes zu berichten:

> *»Er hatte mit seinem Regiment, dem Troisième Regiment de Tirailleurs, Algeriens, gegen die Deutschen gekämpft, weil sie Frankreich in Schutt und Asche gelegt hatten, aber eine Rache wie diese hatte er sich nie vorstellen können. Der morastige Boden war ›bevölkert mit lebenden Skeletten‹, von denen einige starben, während er zuschaute, andere kauerten sich unter Fetzen von Pappe, die sie verzweifelt festhielten, obwohl es ein heißer Julitag war. Frauen starrten aus Erdlöchern zu ihm hinauf. Hungerödeme trieben ihren Bauch zu einer grausigen Karikatur von Schwangerschaft auf, alte Männer mit langem grauem Haar versuchten schwach, ihm mit dem Blick zu folgen, Kinder von sechs oder sieben Jahren sahen ihn mit leblosen Augen an, gezeichnet mit den Ringen des Hungers. Julien wusste kaum, wo er anfangen sollte. In diesem Lager von 22.000 Menschen in Dietersheim konnte er nicht die kleinste Menge Lebensmittel finden. Die beiden deutschen Ärzte, Kurth und Geck, versuchten die beiden sterbenden Patienten zu versorgen, die auf schmutzigen Decken ausgestreckt unter dem heißen Julihimmel lagen – zwischen den Spuren des Zelts, das die Amerikaner mitgenommen hatten.«* *(Quelle: Bacque, 1989, S. 104)*

Drei Lager in der Umgebung von Dietersheim mit 103.500 Menschen wurden von den Amerikanern an die Franzosen übergeben. Diese Übergabe erfolgte zum 10. Juli 1945. In den Aufstellungen der Franzosen ist allerdings nur von 33.600 übernommenen Gefangenen die Rede. Ein Teil von ihnen sollte als Arbeitskräfte in Frankreich eingesetzt werden. Julien entließ zunächst alle älteren Männer, Frauen, Kinder, Kranke und Versehrte. Lebensmittel aus eigenen Beständen standen ihm nicht zur Verfügung. Deshalb organisierte er zusammen mit dem Bürgermeister von Dietersheim eine erste Hilfsaktion. Trotzdem erreichte die Sterbeziffer im Juli ihren Höhepunkt. Vom 10. Juli bis zum 10. August starben 188 Gefangene. Vom 11. bis 31. August waren dann nur noch 22 Todesfälle zu verzeichnen. Angesichts der bitteren Not im Lager setzte Julien eine Aktion zur Beschaffung von Lebensmitteln in Gang. Die von ihm eigens einberufene Konferenz befasste sich am 31. Juli mit dem Ernährungsproblem. Beteiligt daran waren u.a.: Domkapitular Schwalbach, Laienseelsorger Werner Schade, der Superior des Klosters Jakobsberg und Pfarrer Como.

Danach setzte eine beispiellose Aktivität ein. Durch die Beteiligung weitester Kreise der Zivilbevölkerung, ohne Unterschied der Konfession, konnte durch reichliche Spenden der Tod von Tausenden verhindert werden. Aus der ganzen Umgebung wurden Lebensmittel geschickt, so aus Dietersheim, Sponsheim, Büdesheim, Bingen, Gensingen, Planig, Horrweiler, Dromersheim, Aspisheim, Ippesheim, Biebelsheim und über Rheinhessen hinaus, bis hin zur Pfalz. Die Bevölkerung leistete damit ein Maß an Humanität, das sich einen Platz in der Geschichtsschreibung verdient hat. Christliche Nächstenliebe wurde hier praktiziert. Angehörige von Gefangenen und Entlassenen wurden beraten, geflohenen Gefangenen Unterkunft gewährt, verköstigt und – trotz Verbotes – mit Zivilkleidung ausgestattet. Ganz besonders ist die karitative Leistung und das Werk der Nächstenliebe des Tag und Nacht engagierten Pfarrers Como, seiner beiden Schwestern und seines Bruders herauszustellen und zu bewerten. Der französischen Lagerleitung ist es hoch anzurechnen, dass sie in diesen Tagen alle nicht arbeitsfähigen Gefangenen ohne große Formalitäten und ohne ärztliche Untersuchung freiließen.

Ein Glanzstück an Humanität lieferte man mit Hilfe des damaligen Landrats Schick. In der Umgebung von Bingen war die Jahresproduktion einer großen pharmazeutischen Fabrik versteckt und von den Amerikanern zurückgelassen worden. Das Versteck wurde ausgeräumt und die Versorgung des Lagerlazarettes mit Medikamenten war gesichert. Die Menge der vorgefundenen Medikamente war so groß, dass sogar die umliegenden Krankenhäuser und Apotheken beliefert werden konnten. Bauernwagen kamen mit Lebensmitteln ins Lager und verließen es wieder mit Medikamenten beladen. Vom 5. August an strömten neue Gefangenentransporte aus Norwegen kommend, ins Lager, so dass es mit etwa 100.000 Menschen überbelegt war. Die »Norweger« waren alle bei bester Gesundheit. In der folgenden Hitzeperiode, danach in der Schlammperiode, lernten auch sie das Elend, die Not und den Hunger kennen. In Selbsthilfeaktionen besorgten sie sich an einer ungesicherten Stelle in der Nähe der Bahnstation Büdesheim-Dromersheim, Kartoffeln, die die Bevölkerung vor dem Zaun hingelegt hatte.

Diese Gruppe »Norweger« wurden zum Wiederaufbau ins zerstörte Frankreich abtransportiert. Eine große Enttäuschung für sie, denn in Norwegen war ihnen die Entlassung zugesagt worden. Gegen die Langeweile und die infolgedessen zu befürchtende geistige Verödung richteten gefangene Professoren eine Lagerhochschule ein. Die Lektüre lieferten Volksbüchereien der Umgebung. Vom 1. September an wurde das Lager aufgelöst. In einem Vermerk des Regierungspräsidiums Rheinhessen heißt es mit Datum 1. September 1945: »Das Lager Dietersheim ist fast restlos geräumt«. Zirka 11.000 Ungarn wurden in das Lager Hechtsheim bei Mainz verlegt. Tausende von arbeitsfähigen Facharbeitern verschickte man zum Wiederaufbau nach Frankreich. Die noch verbliebenen Gefangenen siedelte man ins Lager Bretzenheim um. Zur Abwicklung verschiedener Angelegenheiten arbeitete noch bis zum 24. September 1945 ein Aufräumkommando im Lager, unter Leitung eines deutschen Offiziers.

Die Toten des Lagers wurden von den Amerikanern, lt. Pfarrer Como, in Bad Kreuznach, in Stromberg (Hunsrück) und wahrscheinlich auch in Nackenheim (Rheinhessen) beerdigt. Ehemalige Gefangene äußerten immer wieder die Vermutung, dass auch noch an anderer Stelle Beisetzungen erfolgten. Zu belegen ist dies nicht. Nach einer Mitteilung der Wehrmachtsauskunftstelle in Berlin (WASt) vom September 1989 (Schreiben W/420) sind zu Dietersheim 600 Todesfälle registriert.

Das Lager Dietersheim bei Bingen, im Hintergrund die Kirche von Sponsheim (Quelle: Stadtarchiv Bingen – Kossmann 2012)

6.10 Das Lager Biebelsheim

Biebelsheim ist ein Ort in der Nähe von Bad Kreuznach. Ein Winzerdörfchen mit rund 650 Einwohnern. Der Wein gibt hier den Takt an und der ist gemächlich. Ansonsten geht es mehr als beschaulich zu. Und trotzdem fand sich das Dorf plötzlich in den Schlagzeilen. Selbst das Nachrichtenmagazin »Der Spiegel« berichtete aus Biebelsheim. Das war 1992 und den Anlass dazu bildete indirekt das ehemalige Gefangenenlager im Ort. An dessen Stelle sollte die Kreismülldeponie ihren Platz finden. Da aber die Biebelsheimer inmitten ihrer Weinberge keinen Müllablageplatz haben wollten, erinnerten sie sich des Lagers und argumentierten, dass an dieser Stelle aus Pietätsgründen keine Abfalldeponie entstehen dürfe. So jedenfalls legt es »Der Spiegel« (Ausgabe 40/1992, Seite 81) nahe. Mit Unterstützung des »Volksbundes Deutsche Kriegsgräberfürsorge« errichtete man am Rande des ehemaligen Lagergeländes ein mächtiges Holzkreuz und sah sich so gegen die bösen Geister einer Deponie gefeit. Doch mit der Erinnerungsarbeit beschwor man nun ganz andere Geister herauf. Neonazistische Gruppen entdeckten das ehemalige Lager Biebelsheim für sich und ihre Propagandazwecke. Im ruhigen, geselligen Ort Biebelsheim marschierten plötzlich Glatzköpfe durch die beschaulichen Gassen und braune Gesellen predigten in der Ortsmitte Hetzparolen und forderten gar ein Denkmal für Adolf Hitler.

Das dortige Lager, so Angaben der US-Armee (Kurzbezeichnung: A7) war für 100.000 Mann konzipiert und zum 8. Mai 1945 mit 40.029 Gefangenen belegt. Es war zu diesem Zeitpunkt noch nicht vollständig fertiggestellt. Am 13. Mai befanden sich dort – ebenfalls nach US-Angaben – 42.000 Internierte. Eine medizinische Einheit der US-Armee richtete hier das Feldkrankenhaus Nr. 78 ein und stellte 500 Lazarettbetten auf. Die Unterbringung der Kranken erfolgte in dem Lager nahestehenden Gebäuden. Am 17. Mai zählte man rund 50.000 Gefangene und am 27. Mai gibt die Armee an, dass alle in Zelten untergebracht waren. Das Feldkrankenhaus wurde an diesem Tag vom Ambulanz-Kommando 560 geräumt. Es liegen keine Angaben vor, wohin man die Kranken brachte. Am 31. Mai war die Zahl der Inhaftierten auf 56.000 Mann angewachsen.

Auskünfte zu diesem Lager sind nur sehr spärlich zu erhalten. Das Kreuz aus dem Jahre 1992 steht allerdings an seinem angestammten Platz und es markiert in etwa die damalige Lagermitte.

6.11 Das Lager Bretzenheim/Winzenheim

6.11.1 Geschichte des Lagers

Bretzenheim ist ein beschaulicher Weinort an der Nahe und liegt in der Nähe von Bad Kreuznach. Das dortige Lager diente noch bis 1948 für die aus Frankreich heimkehrenden Kriegsgefangenen als Durchgangslager. Anfangs benannte man das Lager nach dem Eingang nahe dem Nachbarort Winzenheim. Später verlegten die Amerikaner den Haupteingang nach Bretzenheim. Daher wird dieses Lager in einer Aufstellung der US-Armee auch am 8. Mai 1945 noch als A6 Winzenheim geführt. Es war für 100.000 Mann ausgelegt und zu diesem Zeitpunkt bereits mit 102.597 Gefangenen belegt. Diese Zahl ist der Maschke-Dokumentation entnommen. Nach offiziellen US-Angaben befanden sich am 8. Mai 1945 nur 92.000 Häftlinge in Bretzenheim. Addiert man jedoch die Zahlen des erhalten gebliebenen Rationenbuchs aus dem Lager, erhält man die wesentlich wahrscheinlichere Anzahl von 109.000 Kriegsgefangenen.

Die verschiedentliche Darstellung, dass es sich um zwei Lager handelte, ist falsch und geht auf sich verändernde Bezeichnungen für ein und dasselbe Lager zurück. Mit der Anlage des Lagers Bretzenheim begann man am 22. April 1945; am 27. April trafen die ersten Häftlinge ein. Für die Errichtung des Lagers verpflichtete die US-Armee deutsche Kriegsgefangene aus dem bereits bestehenden Lager Bad Kreuznach/Galgenberg. Entlang der heutigen B 48 zäunte man in Richtung Bad Kreuznach einen etwa vier Kilometer langen und einen Kilometer breiten Streifen vom Guldenbach bis zur Rotlay (kurz vor Bad Kreuznach) mit hohem Stacheldraht ein. In der Breite führte das Gelände bis in die Weinberge von Winzenheim. Es umfasste rund 400 Hektar und war unterteilt in 24 Camps (für je 5.000 Gefangene). Die einzelnen Camps trennte ein acht Meter breiter Geländestreifen. Anfang Mai begann man mit dem Verlegen von Wasserleitungen. Das aus der Nahe gepumpte Wasser floss ungefiltert in die einzelnen Camps.

Die Gefangenen wurden von schwer bewaffneten Posten bewacht, die bei Fluchtversuchen sofort von der Schusswaffe Gebrauch machten. Camp 10 war den rund 11.000 Frauen vorbehalten. Dies waren ehemalige Flakhelferinnen, Rot-Kreuz-Schwestern und andere Wehrmachtsbedienstete. Unter ihnen waren auch die weiblichen Mitglieder des Leipziger Opern-Ensembles, das die Amerikaner aus nicht bekannten Gründen und wohl versehentlich von Leipzig nach Bretzenheim transportiert hatten. Auch die Frauen mussten hier wochenlang im Freien übernachten. Die Camps 15 und 17 waren den jugendlichen Gefangenen vorbehalten und in Camp 11 sperrte man die Offiziere ein.

Einbezogen in das Lagergelände wurde zudem der angrenzende Hof des Bauern Otto Tullius. Hier hatte die Kommandantur ihren Sitz. Schon im Mai 1945 begann man mit den Entlassungen. Zuerst wurden diejenigen entlassen, die man für den Wiederaufbau und vor allem für die notwendige Ernährung der Bevölkerung vorrangig benötigte: Eisenbahner, Landwirte, Bäcker, Metzger. Andere aber mussten den Weg in die französischen Bergwerke antreten.

Die Franzosen übernahmen dieses Lager am 10. Juli 1945 mit rund 17.200 Gefangenen. Wegen der stark zurückgehenden Belegung verkleinerte man das Lager auf neun Camps, die nunmehr auch mit lediglich 31 ha Fläche auskamen. In Bretzenheim besserten sich die Zustände erst, als die Franzosen das Regiment übernahmen. Sie sorgten dafür, dass schon im Juli Zelte für die Kranken und Verwundeten bereitstanden. Bis zum 26. September verfügten alle Gefangenen über Zelte. Von Oktober an wurden dann Holzbaracken errichtet.

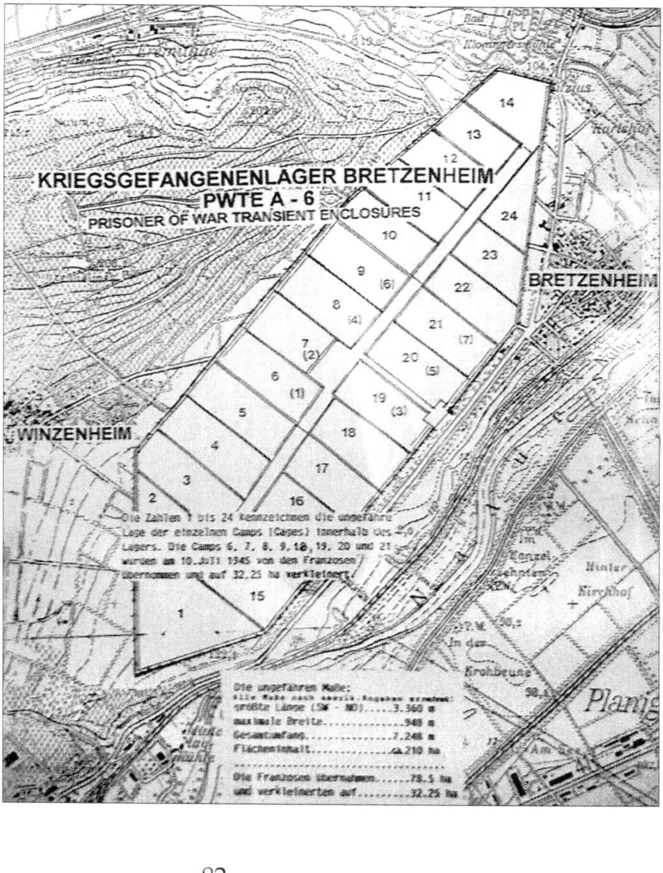

Plan des Lagers Bretzenheim (Foto: Wolfgang Gerz, 9.04.2013, Bestand: Doku-Zentrum Bretzenheim)

Gedenkstätte an der B 48 bei Bretzenheim (Foto: Wolfgang Gerz, 9. April 2013)

In Bretzenheim erinnert heute eine Gedenkstätte an die verstorbenen deutschen Kriegsgefangenen. Das 1966 eingeweihte Mahnmal geht auf die Initiative von Fips Schuler zurück, einem ehemaligen Gefangenen. Am Volkstrauertag 1964 rammte er am Rand der B 48 ein mit Stacheldraht umwickeltes Holzkreuz in die Erde, das einen Kranz trug. Später wurde es durch ein steinernes Kreuz ersetzt. Ein Gedenkstein trägt die Inschrift »Feld des Jammers«. Diese Aussage erinnert an die Enttäuschung der Gefangenen, die – ihre Freilassung erwartend – nach Frankreich verfrachtet wurden um dort Arbeitsdienste zu verrichten. Viele von ihnen in der Schwerindustrie und in den Bergwerken. Etwa 3.500 Gefangene haben aber nicht einmal den Umzug nach Frankreich erlebt; sie starben im Lager. Über die dortigen Zustände gibt ein Text Aufschluss, den der damalige Lagerpfarrer Max Dellmann um 1966 aus der Erinnerung verfasst hat. Dellmann schreibt (auszugsweise):

> *»Das Odium der Verrufenheit (des Lagers – die Verf.) gründet (…) in den Leiden und dem Massensterben von Gefangenen während der amerikanischen Lagerperiode April bis Juli 1945. Damals sind in etwa zehn Wochen 3.200 bis 4.500 Gefangene an Dysenterie und auch einfach vor Hunger gestorben. Die Zahl 20.000, überall in der deutschen Presse verbreitet, ist eine Falschmeldung, die wahrscheinlich aus der DDR infiltriert worden ist, um die Aufmerksamkeit von dem Massensterben deutscher Gefangener in Russland, Polen, Rumänien und Jugoslawien abzulenken. (…) Fast noch schlimmer als das Hungern und Sterben wurde von den Gefangenen die menschenunwürdige Behandlung emp-*

funden, die sie von den Amerikanern erfuhren. Vor allem waren die Gefangenen mehr als drei Monate lang ohne Zelte, geschweige Baracken, den Unbilden der Witterung preisgegeben. Es entstand ein ›Schlammlager‹ und die meisten Toten lagen schlammbedeckt jeden Morgen in langen Reihen im Straßengraben, um von Lastkraftwagen abtransportiert zu werden. Ein zweiter, als unnötig und unmenschlich empfundener Umstand, ist zu erwähnen, dass die Amerikaner systematisch die Zivilbevölkerung daran hinderten, Brot oder Kartoffeln über den Stacheldrahtzaun zu werfen, um den Hunger zu lindern. Doch sind immer einzelne Wachmannschaften auch hier menschlich gewesen; ganz besonders die ›schwarzen‹ Amerikaner.«

(Quelle: Ortsgemeinde Bretzenheim: Dokumentation zum Mahntag 24.4.2005, Bericht Götting)

Soweit Pfarrer Dellmann, der bereits ab dem 23. Dezember 1945 wieder in Bretzenheim wirkte und der sich in seinen Erinnerungen auf die Berichte von anderen stützt.

Auch von einem Gefangenen liegt ein Erlebnisbericht zum Lager Bretzenheim vor. Wilhelm Götting schreibt:

»In den Tagen der Auflösung wanderte ich tagelang mit einem Trupp Soldaten durch thüringische Wälder. Die Bauern wollten uns nicht verstecken, auf allen Straßen rollten amerikanische Panzer; die Saalebrücken waren gesprengt. Im Brotbeutel nur noch Tabak, Waffen und Munition lagen längst im Unterholz (…). Das erste Sammellager war die Sauckelkampfbahn in Weimar. Nach drei Tagen gab es das erste Essen: ½ Dose Wehrmachtsfleisch und Wasser aus dem nahen Bach. Nachts gab es Kolbenstöße von den Amerikanern: ›Where is your watch?‹ Wir waren aber bereits hinreichend um persönliche Dinge erleichtert, so dass wir außer sprießenden Bärten und unseren schmutzigen Uniformen nichts mehr hatten. In immer größer werdenden Transporten, 65 Mann auf einem offenen LKW, ging es in Etappen nach Westen (…) nach Bad Kreuznach, wo wir wie Koks vom Wagen gekippt wurden. Da hockten wir nun in der Nacht, es wurde Tag. Verpflegung: eine kleine Dose Keks, dazu stark gechlortes Wasser aus Tankwagen. Am Rande des Lagers: Latrinen, blut- und kotverschmiert. Ob das Lager 5.000 oder 15.000 Menschen fasste – ich weiß es nicht. Es wurde sortiert: Offiziere, Unteroffiziere und Mannschaften. Die Offiziere wurden nach Frankreich geschickt, die Feldwebel und Unteroffiziersdienstgrade erhielten ein eigenes Camp. Laut Genfer Abkommen durfte man sie nicht zur Arbeit einteilen. (…) Die Verpflegung blieb äußerst frugal: eine kleine Dose aus den Rationskartons, ein paar getrocknete Pflaumen, einen Löffel grob gemahlenen Kaffee und eine rohe Kartoffel. Nach drei Wochen das erste Brot, ein 1½ pfündiges Weißbrot für zwölf Mann. Für jeden eine Schnitte. Bei einem der Kamera-

den, der seinen Rucksack irgendwie gerettet hatte samt Inhalt, fand sich unter Papier, Blei- und Rötelstiften ein billiger Malkasten. Gegen Abgabe der Verpflegung dreier Tage hatte ich diese Schätze. In Kreuznach sind wir zu Höhlenbewohnern geworden. Die Erdlöcher wurden mit Konservendosen bis zu zwei Meter tief in den roten Lehm gegraben. So genannte Arbeitskompanien konnten ihre Behausungen aus teergetränkten Pappen der Rationskartons bauen. Sie wurden beneidet. (…) Inzwischen liefen Umgruppierungen. In offenen Waggons fuhren wir bald nach Belgien, Holland, Deutschland. Unterwegs hagelte es Knüppel und Steine in die Waggons. Weinende Frauen reichten uns auf der ersten deutschen Station gekochte Kartoffel, die gierig empfangen wurden, aus verdreckten Mützen gab es Bier und Wein. Keiner durfte die Waggons verlassen, erst in Rheinberg durften alle heraus. Statt rohen Kaffee bekamen wir nun Tee, einige Kekse und einmal am Tag ein halbes Kochgeschirr dünner Suppe. Leider ließen sich hier keine Bunker graben. Schutzlos auf flacher Erde lagen wir in oft tagelangem Regen. Drei in einem Loch hatten eine Decke. Wie viele in Rheinberg gestorben sind – ich weiß es nicht. Wir sahen nur unseren kleinen Bezirk und da starben täglich eine Reihe Gefangener, besonders die Jungen waren den Entbehrungen nicht gewachsen. (…) Ausgehungert, aber lebend durfte ich heimkehren. Im Hinblick auf deutsche KZ darf man sich wohl nicht beklagen.«

(Quelle: Ortsgemeinde Bretzenheim: Dokumentation zum Mahntag 24.4.2005, Bericht Götting)

Ehemalige Kommandantur des Lagers im Wohnhaus Tullius (Foto: Wolfgang Gerz, 9. März 2013)

Auch in Bretzenheim versuchte die Bevölkerung der umliegenden Ortschaften das Leid der Gefangenen zu lindern, indem man etwa Brot über die Zäune warf. Dies hatte aber zumindest unter den Amerikanern eine sofortige Beschießung zur Folge. Ein Augenzeuge berichtet:

»Wenn die Gefangenen sich auf die Brote stürzten, begann eine wilde Schießerei der Posten. Es gab dabei Tote. Einzelne Posten, außerhalb des Lagers, nahmen den Frauen die Brote ab und reichten sie den Gefangenen durch den Drahtzaun, doch gab es andere Posten, die das Brot – wenn die Gefangenen danach griffen – sofort zerschossen.«

(Quelle: Unterlagen Dokumentationszentrum, Bretzenheim nach Veröffentlichungen von Erich Werner und Gertrude Maria Schuster)

Auch diejenigen, die trotz Verbots etwas über den Lagerzaun warfen, wurden dafür bisweilen bestraft. Dies beweist der Fall einer Siebzehnjährigen aus Bretzenheim. Sie hatte sich mit einem Gefangenen zur »Kartoffelübergabe« verabredet, wurde aber kurz vor dem Zaun von einem US-Jeep gestoppt. Mit zwei anderen Frauen brachte man sie in das Gefängnis nach Bad Kreuznach. Nach wenigen Tagen fand die Verhandlung gegen die junge Frau statt. Das Urteil: Sieben Tage Gefängnis. Dass es nach den ersten ganz schlimmen Wochen auch schon unter amerikanischer Leitung langsam besser wurde, belegt die Durchführung einer Varieté-Veranstaltung am 18. Mai 1945.

Auch in Bretzenheim stehen neben den amerikanischen Bewachern besonders die deutsche Lagerleitung und deren Polizei im Fokus der Kritik. Anfangs unterstand die Lagerpolizei dem ehemaligen Chef des Wehrmachtsgefängnisses in Torgau. Ein GI wird mit der Aussage zitiert, dass er einfach alles der deutschen Lagerleitung überlasse, weil diese die Gefangenen genug bestrafe. Zudem blühte die Korruption. Ein Gefangener umschreibt die Situation wie folgt:

»Diese Deutschen waren Sadisten, Lumpen und Verbrecher, die heute noch abgeurteilt werden müssten, wenn man damals ihre Namen behalten hätte. Das war unmöglich, weil der Tod und seine Erlösung einem näher standen als daran zu denken. Heute leben sie unter uns, sie sind untergetaucht.«

(Quelle: Unterlagen Dokumentationszentrum, Bretzenheim nach Veröffentlichungen von Erich Werner und Gertrude Maria Schuster)

Ein sadistischer Campführer machte sich einen Spaß daraus, höher gebildete Gefangene, beispielsweise einen Professor, mit möglichst niedrigen Arbeiten zu quälen. Solche Vergehen von Deutschen gegen Deutsche wurden von den Amerikanern fast nie geahndet.

Wie in fast allen Lagern so ist auch zu Bretzenheim/Bad Kreuznach die Zahl der verstorbenen Gefangenen nur schwer zu ermitteln. Generell ist zu sagen, dass diese Lager eine besonders hohe Sterblichkeitsrate aufweisen. Während der Verband der Heimkehrer 3.500 Tote annimmt, sprechen die Amerikaner von 1.098 Toten bis zum 25. Juni. Ein amerikanischer Berichterstatter hat hier sogar die Vermutung geäußert, dass der amerikanische Kommandant des Lagers tatsächlich eine große Anzahl Gefangener absichtlich hat verhungern lassen. So nachzulesen bei Smith (1992, S. 44). Nach französischen Angaben sind von Ende April bis zum 10. Juli 2.604 Gefangene verstorben. Von Juli bis September werden dann nochmals 889 Verstorbene gezählt. Die Angaben der Franzosen sind glaubwürdiger und lassen die Gesamtzahl von rund 3.500 Toten realistisch erscheinen.

Immer wieder ist die Rede von noch ungeöffneten Massengräbern im ehemaligen Lagergelände. Dies schließt der Leiter der Dokumentationsstelle Bretzenheim, Wolfgang Spietz nahezu aus. Spietz wörtlich:

> *»Ich habe selbst als Vermessungsingenieur die Verlegung einer Wasserleitung durch das ehemalige Lagergelände begleitet. Die Leitung wurde 1,80 Meter tief verlegt. Ich habe dabei die Arbeit des Baggers natürlich aufmerksam verfolgt. Es wurden auch zahlreiche Gegenstände geborgen, und wir haben bei diesen Arbeiten sogar einen Fäkaliengraben angeschnitten. Ein Grab war nirgends zu entdecken. Ein solches Massengrab hätte sich zwischenzeitlich auch durch Bodenabsenkungen gezeigt. Und sogar die Luftbildauswertung hat nichts dergleichen ergeben.«*

Walter Ruschkowski, der vor wenigen Jahren in einem Nachbarort von Bretzenheim verstorben ist, hat aus dem Lager heraus eine Reise um die Welt angetreten. Allerdings nicht ganz freiwillig und auch bestimmt nicht zu seiner großen Freude. Ruschkowski stammte aus Frankfurt/Oder und war noch in Bretzenheim interniert, als die Franzosen die Lagerleitung übernahmen. Sie suchten Angehörige für die Fremdenlegion und boten jedem Freiwilligen drei Tafeln Schokolade. Man kann ermessen, wie groß der Hunger gewesen sein muss, wenn Menschen sich für Schokolade werben ließen. Ruschkowski tat es und fand sich bald im nächsten Krieg wieder. Als Legionär kam er nach Vietnam und geriet beim Fall von Dien Bien Phu in Gefangenschaft. Die Vietnamesen konnten aber mit den gefangenen Legionären nichts anfangen und reichten sie weiter an die befreundeten Chinesen. Nach Arbeiten in Strafkolonien wurde er von den Chinesen den Russen übergeben. Auch für sie musste er Zwangsarbeit verrichten, ehe er in seine Geburtsstadt Frankfurt/Oder entlassen wurde. Doch Walter Ruschkowski hatte genug von Kommunismus und

Sozialismus. In der DDR wollte er nicht leben und so flüchtete er von hier in den Westen und kam wieder – weil es ihm bekannt war – nach Bretzenheim.

6.11.2 Dokumentationszentrum Bretzenheim

Bretzenheim ist einer der berüchtigtsten Orte der Rheinwiesenlager. Fast folgerichtig ist dort auch ein wohl einzigartiges Dokumentationszentrum entstanden. Die Anfänge reichen zurück in das Jahr 1984, als der damalige evangelische Dorfpfarrer Hans-Christian Brandenburg, anlässlich der 40. Wiederkehr der Ereignisse einen Mahntag plante. Er suchte Mitstreiter für dieses Vorhaben und er fand sie u.a. in den Eheleuten Ute und Wolfgang Spietz. Für diesen Mahntag plante man auch eine Ausstellung zum Thema »Lager Bretzenheim«. Anfangs waren nur bescheidene Unterlagen und Informationen vorhanden, die überwiegend von ehemaligen Lagerinsassen aus der Umgebung von Bad Kreuznach stammten. Doch aus der ersten Ausstellung heraus wuchs – gepaart mit dem Eifer der Eheleute Spietz – eine umfassende Dokumentation zu den Lagern im Raum Bad Kreuznach und speziell zu Bretzenheim.

Am 7. Mai 1985 beschloss die Ortsgemeinde Bretzenheim auf Antrag von Ratsmitglied Wolfgang Spietz eine Sammel- und Registrierstelle »Kriegsgefangenenlager« einzurichten. Zehn Jahre lang diente danach das Wohnhaus der Eheleute Spietz als Anlauf- und Sammelstelle. Sie knüpften zahlreiche

Ute und Wolfgang Spietz im Ausstellungsraum (Foto: Wolfgang Gerz, 9. April 2013)

Vitrine im Ausstellungsraum in Bretzenheim mit Originalgegenständen aus dem Lager (Foto: Wolfgang Gerz, 9. April 2013)

Kontakte und konnten die Sammlung wesentlich erweitern. 1995 übergaben sie ihren Bestand an die Gemeinde, die nun Räumlichkeiten im zwischenzeitlich sanierten »Alten Amtshaus« zur Verfügung stellte. Hier baute Jakob Maria Zacher die erste ständige Ausstellung auf, die er bis 2004 stetig weiterführte. Danach haben die Eheleute Spietz wieder die Regie übernommen und führen bis heute durch die Dokumentations- und Ausstellungsräume. 435 Stunden haben sie allein im Jahr 2012 in das Vorhaben investiert (Dokumentationsstelle und Mahnmal).

Die Dokumentationsstelle verfügt inzwischen über zahlreiche Erlebnisberichte aus dem Lager, hält die komplette Literatur zu diesem Thema vor und stützt sich auf umfangreiches Material zur Einrichtung und Betrieb des Lagers. In der Ausstellung gewähren Zeichnungen von Gefangenen einen schockierenden Einblick in das Lagerleben. Gegenstände, Bilder, Zeitungsberichte, Briefe und vieles mehr zeigen die Not in Bretzenheim, aber auch die Besserung der Verhältnisse ab August 1945. Zu sehen ist auch ein Film, den die ARD 1990 zu den Rheinwiesenlagern ausstrahlte.

Ausstellung:	Kontakt:
Dokumentationsstelle Kriegsgefangenenlager	Wolfgang Spietz
im alten Amtshaus Bretzenheim	Am Sportplatz 8
Große Straße 12	55559 Bretzenheim
55559 Bretzenheim	Tel. 0671-33245
Besichtigung nur nach Vereinbarung	E-Mail spietz-w@web.de
Eintritt frei, Spende aber willkommen	

6.12 Das Lager Bad Kreuznach

6.12.1 Geschichte des Lagers

Das Lager am Galgenberg wurde zwischen dem 1. und 15. April 1945 eingerichtet. Ein Betroffener berichtet am 15. April als einer der Ersten dort eingetroffen zu sein. Seiner Aussage nach waren an diesem Tag nicht mehr als etwa zweihundert Gefangene hier untergebracht. Der Eingang zum Camp befand sich in Nähe einer ehemaligen Kaserne der Wehrmacht (erbaut zwischen 1935 und 1938, damals Alzeyer Straße) und grenzte auf der anderen Seite an ein Firmengelände. Schnell trafen hunderte von weiteren Gefangenen ein und das Lager Galgenberg erreichte bereits Anfang Mai seine endgültige Ausdehnung. Es wuchs von den Kasernen ausgehend in die nahen Weinberge am Galgenberg empor. Man darf von einer Fläche von 45 ha ausgehen, die mit einem doppelt stehenden, etwa zwei bis drei Meter hohen Stacheldrahtzaun eingefasst waren. An den Ecken standen aus Holzstangen errichtete Wachtürme und etwa alle fünfzig Meter ein bewaffneter Posten. Am 8. Mai 1945 befanden sich nach amerikanischen Angaben 56.309 Gefangene im Lager. Der jüngste zählte vierzehn, der älteste dreiundsiebzig Jahre. Schnell stieg die Zahl der Inhaftierten auf rund 90.000 an. Auf Sattelschleppern gepfercht brachte man mit einer Fuhre bis zu 120 Kriegsgefangene in das Lager. Die Betroffenen berichteten später, dass ihnen beim Besteigen der LKW Wertsachen entwendet wurden. Über die Zusammensetzung der Gefangenen berichtet der Häftling Erich Werner:

> *»Die größte Masse waren Soldaten aller Waffengattungen des Heeres. Auch die Luftwaffe war stark vertreten. Auch Nachrichtenhelferinnen waren dabei. Diese wurden getrennt abgeladen und bewacht. Nicht nur alte Volkssturmmänner, sondern auch Arm- und Beinamputierte, entlassene Soldaten in Zivil, Flakhelfer und alle Männer, die etwas trugen, was einer Uniform ähnelte, waren gefangengenommen worden. Sogar ein 70-jähriger Rot-Kreuz-Helfer musste mit in Gefangenschaft.«*
>
> *(Quelle: Unterlagen im Dokumentationszentrum Bretzenheim nach Bericht von Erich Werner, Kriegsgefangenenlager Bretzenheim, 1993)*

Am 30. April kamen zahlreiche Jugendliche ins Lager, die in Camp 6 am Ende der Lagerstraße untergebracht wurden. Den weiblichen Gefangenen wies man die Stallgebäude der nahen Kaserne zu. Eine namentliche Registrierung unterblieb; man untersuchte lediglich nach den Blutgruppentätowierungen der SS. Diese überstellte man dann an das Lager Bretzenheim. Teilweise

Planskizze des Lagers Bad Kreuznach (Nach Stadtarchiv Bad Kreuznach, Blum-Gabelmann, 19. April 2013)

waren derart viele Gefangene im Lager, dass nicht jeder ausreichend Platz zum Schlafen fand. Zu allem Unglück regnete es Ende April unaufhörlich. Bis zum 6. Mai herrschte nasskaltes Wetter, das in der Nacht zum 1. Mai in Schnee umschlug. Eben noch den Schützengräben des Weltkriegs entronnen, suchten die ausgemergelten Gefangenen nun erneut den ihnen bestmöglichsten Schutz im Ausheben von Erdlöchern.
Dazu schreibt Werner:

»Mit sechs Kameraden gruben wir uns ein Loch von etwa 1,20 m x 1 m und überdeckten dies mit einer Einmannzeltbahn und einem Gummimantel. An einer Seite gruben wir eine Rinne, in der sich das Regenwasser sammelte. Einer von uns hatte die Aufgabe des Schöpfens mit einem Kochgeschirr. In diesem Loch, etwa 0,80 m tief, überstanden wir die kalten Apriltage.«

(Quelle: Unterlagen im Dokumentationszentrum Bretzenheim nach Bericht von Erich Werner, Kriegsgefangenenlager Bretzenheim, 1993)

Es bildeten sich größere Gruppen von Männern, die dicht zusammengedrängt sich durch ständige Bewegung gegenseitig Wärme spendeten. Zur Verrichtung der Notdurft hatte man anfangs einen etwa drei Meter tiefen Graben ausgehoben. In der Lache, die sich am äußeren Ende des Lagers bildete, mussten diejenigen ausharren, für die sonst im Lager kein Platz mehr war. Zahlreiche Gefangene waren so geschwächt, dass sie auf allen Vieren durch das Lager krochen. Immer wieder kommt die unzureichende Ernährung zur Sprache. Der Augenzeuge Heinz Bucher:

»Die Gefangenen aßen Blätter von Bäumen und Weinstöcken. Die Tagesration betrug z.B. im Mai 1945 in Bad Kreuznach: drei Esslöffel Gemüse, ein Stück Fisch, ein bis zwei Backpflaumen, ein Löffel Marmelade, vier bis sechs Kekse.«

(Quelle: Bucher: Kriegsgefangenenlager in der Umgebung von Bingen, 1991)

Ein anderer Gefangener berichtet, dass er nach sechs Wochen erstmals Brot erhalten habe. Das sei wie eine Sensation gewesen. Kurz nach der Errichtung erhielt jeder einen Verpflegungskarton. Mit der Zeit erfolgte aber eine Kürzung der Essensausgaben. Als unter den Gefangenen Käse aufgeteilt wurde, blieb für jeden ein fingernagelgroßes Stück.

Not macht bekanntlich erfinderisch und so bastelten einige Häftlinge aus den Kilobüchsen kleine Öfchen. Rebstöcke dienten als Brennholz. Viele kochten und aßen Gras, welches im Magen aufgärte und manchem Gefangenen das Leben kostete. Wenn es den benachbarten Bewohnern gelang, Lebensmittel über den Zaun zu werfen, entfachte dies oftmals wilde Prügeleien, bei denen sogar Häftlinge zu Tode getrampelt wurden. In dieser Situation der Not war jeder sich selbst der Nächste. Ein Gefangener hat bezüglich der ausgegebenen Verpflegung genau Buch geführt:

25.04. Einrücken ins Lager
26.04. Nachmittags Essen, ganz gut
27.04. Verpflegung in Hunderterblocks gefasst, sehr sehr wenig
28.04. 24 Stunden gehungert
29.04. 7.30 anstehen, 11.30 Essenausgabe, drei Kartons für 100 Mann
30.04. etwas mehr, alles sofort aufgegessen
01.05. vier Kekse, zwei Esslöffel Fleisch und Gemüse, ein Löffel Fisch, drei Pflaumen
03.05. mittags etwas Gemüse
04.05. eine Kartoffel, zwei Esslöffel Fleisch, ein Esslöffel Tomate, sechs Kekse
07.05. Wasser ist knapp, einen halben Tag umsonst danach angestanden
08.05. Wasser knapp
09.05. um 7.30 nach Wasser angestanden, um 20 Uhr etwas bekommen
10.05. mittags etwas Käse
11.05. Essen immer weniger
12.05. nur ein paar Happen, ein paar Kartoffeln mehr
13.05. ein Becher Suppe, ein Teelöffel Kaffee und ein Teelöffel Zucker
14.05. ein Becher Milchsuppe, ein Becher Gemüse
15.05. gar nichts zu essen
16.05. ein Stück Weißbrot, eine halbe Dose Fleisch mit Gemüse

(Quelle: Unterlagen im Dokumentationszentrum Bretzenheim, Erlebnisberichte)

Wenn die Mittel derart karg sind, gerät jede medizinische Versorgung zur Farce. Den deutschen Lagerärzten standen anfangs weder Hilfsmittel noch Medikamente zur Verfügung. Als Lazarett im Lager Galgenberg dienten die benachbarte Kaserne, das Elisabethenstift und die Ringschule. Dieses Lazarett war allerdings eher ein Hospiz, denn der amerikanische Chefarzt hatte angeordnet, dass nur Kranke aufgenommen würden, bei denen davon auszugehen war, dass sie die nächsten 24 Stunden nicht überlebten. Weder die deutschen Ärzte noch deren Helfer wollten dies glauben, wurden aber schnell eines Besseren belehrt. Als ein Gefangener mit einer doppelten Lungenentzündung auf einem Bauernwagen ins Lazarett gebracht wurde und die 24 Stunden Galgenfrist überlebte, fuhr man ihn wieder ins Lager zurück, wo er nach sechs Stunden verstarb.

Auch im Lazarett herrschten untragbare Zustände. Überlebte man die erste Nacht, mussten die Schwerstkranken über die Leichname derer, die es nicht geschafft hatten, zur Morgentoilette schreiten. Viele starben an Typhus und der Ruhr, die auch im Lager wütete. Besonders hart traf es die vielen Kriegsverletzten, die Blinden und Amputierten. Sie zählten zu den ersten Opfern im Lager Galgenberg.

Zu den gesundheitlichen Problemen gesellten sich bald nervliche. Ein 17-jähriger Junge wurde beobachtet, wie er stundenlang am Zaun stand und lethar-

Das Lager Bad Kreuznach (Nach einer Zeichnung von Wilhelm Götting, Dokumentationszentrum Bretzenheim)

gisch in Richtung seines Heimatdorfes blickte. So nah seine Heimat schien, war sie für ihn jedoch unerreichbar. Am nächsten Morgen lag er erschossen im Stacheldrahtzaun, was einige Kriegsgefangene dazu verleitete, ihre Bewacher als »Mörder« zu bezeichnen.

Es kam noch zu weiteren Fluchtversuchen, von denen nur wenige mit der erhofften Freiheit, die meisten aber tödlich endeten. Die Männer hinter dem Stacheldraht gaben ihrem Leiden einen eigenen Namen: »Stacheldrahtkoller«.

Wenn jemandem dennoch die Flucht gelang, so konnte er auf die Hilfe der umliegenden Bewohner zählen, obwohl dies hart bestraft wurde. Aber es gibt Berichte darüber, etwa den, wonach eine Frau drei flüchtige Gefangene mehrere Tage auf ihrem Speicher versteckt hielt.

Für die Aufrechterhaltung der Ordnung im Lager hatte die deutsche Lagerpolizei zu sorgen. Aus Überforderung und blankem Eigennutz gleichermaßen wurden sie dieser Aufgabe nicht gerecht. Die Nähe zu den Besatzungstruppen wurde ausgenutzt, Lebensmittel wurden zurückgehalten und gegen die letzten Habseligkeiten eingetauscht. Wehren konnte man sich dagegen kaum. Im Gegenteil: Die halbtoten Habenichtse auf offener Flur hatten der brutalen Lagerpolizei nichts entgegenzusetzen. Besonders im Lager Bad Kreuznach war Korruption an der Tagesordnung.

Ein Gefangener erinnert sich:

> *»Den von der Lagerverwaltung eingesetzten Campführern, meist ehemaligen Feldwebeln, wurde die Verpflegung zur Verteilung übergeben. Diese aber sorgten in geradezu verbrecherischer Weise zunächst für sich und ihre Polizisten. (...) Was man diesen Campführern zur Last legte, ist die abscheuliche Tatsache, dass sie einen erheblichen Teil der nach einigen Tagen allmählich einsetzenden, an sich völlig unzureichenden, für die skelettartig umherschleichende Mannschaft bestimmte Verpflegung abzusondern und ein Verpflegungsmagazin für sich und ihre Polizisten aufzustapeln (...) Wenn einer dieser sich auf die Kosten der Gesamtheit sich gemästet habenden Organe entlassen wurde, dann wurde ihm soviel von den Vorräten mit auf den Weg gegeben, wie er nur hat schleppen können.«* *(Quelle: Unterlagen im Dokumentationszentrum Bretzenheim)*

Ab dem 5. Mai 1945 wurden im Lager Galgenberg die arbeitsfähigen Insassen aussortiert. Sie marschierten zum Bahnhof und fuhren mit der Eisenbahn zum Arbeitseinsatz nach Frankreich. Bis Ende Mai waren fast 10.000 Gefangene des Lagers den Franzosen überstellt worden. Eine genaue Zahl lässt sich jedoch nicht mehr ermitteln.

Innerhalb des Lagers waren ebenfalls Arbeitsdienste vonnöten, über die ausgerechnet die deutsche Lagerleitung entschied. Die Abstellung zu einem

Einsatz bei der Ausgabe der Lebensmittel oder der Bestattung der Toten waren unter den Häftlingen sehr begehrt. Sie wurden als Glücksfall empfunden, da sie mit dem Erhalt zusätzlicher Verpflegung verbunden waren.

Ende Mai begannen die Amerikaner mit der Auflösung des Lagers Galgenberg, die am 25. Juni abgeschlossen war. Die restlichen Gefangenen überführte man in das nahegelegene Lager Bretzenheim. Ein Gefangener erinnert sich an seine Entlassung am 1. Juni 1945:

> *»Über Lautsprecher wurden Leute aus den Rheingebieten aufgerufen, die Handwerker waren oder der Lebensmittelbranche zugerechnet wurden. Sie sollten zur Kommission kommen.«*
>
> *(Quelle: Stadtarchiv Koblenz, Bestand DB 8, Nr. 12, Bericht Patzelt)*

Die Auserwählten wurden jetzt noch registriert, erhielten eine Erkennungsmarke und kamen dann ins Lager drei. Dort wurden sie entlaust und gegen 16 Uhr abtransportiert.

Angaben zu genauen Todeszahlen im Lager Galgenberg fallen ausgesprochen schwer. Zu sehr wurden die beiden Lager Galgenberg und Bretzenheim miteinander »vermischt«. Es scheint daher angebracht, von Todeszahlen in den Lagern Bad Kreuznach zu sprechen. Der Sterblichkeit in den Lagern Bad Kreuznach/Bretzenheim widmet Böhme (1972, S. 196 f.) ein eigenes Kapitel. Für Böhme stehen diese beiden Lager als Synonym für das Sterben deutscher

Das Lagergelände Bad Kreuznach heute (Foto: Wolfgang Getz, April 2013)

Kriegsgefangener in amerikanischer Gefangenschaft. Die Amerikaner beziffern die Verstorbenen auf 1.098. Diese Zahl ist allerdings deutlich zu niedrig angesetzt, denn die Stadtverwaltung nennt 1.798 namentlich bekannte Tote und 106 unbekannte Bestattete. Sie bezieht sich dabei auf die Gräber auf dem Ehrenfriedhof im Lohrer Wald. Hierher wurden auch nachweislich beispielsweise Tote aus dem Lager Heidesheim überführt. Die zu den möglichen Toten befragten Lagerärzte schätzen deren Zahl auf 3.000 bis 3.500, so ein späterer Lagerpfarrer in Bretzenheim. Angesichts dieser Zahlen kann man nicht von einem Massensterben sprechen. Auch die Angabe *»von hundert Toten täglich«* (so ein Heimkehrer) muss bezweifelt werden und erlaubt in keinem Fall solch einen Schluss. Wo sollten all die Toten sein? Die immer wieder geäußerte Vermutung von Massengräbern auf dem Lagergelände erwies sich als unhaltbar, denn bereits 1947 hat man das gesamte Gelände untersucht und kein Massengrab gefunden.

Die im Lager verstorbenen Gefangenen bestattete man zunächst auf einem Friedhof in unmittelbarer Nähe. Bis 1947 war dieser auf 1.399 Gräber angewachsen. Später wurde der Friedhof auf dem Galgenberg aufgegeben und die Gebeine in den Lohrer Wald überführt. Heute erinnert ein Kreuz – mitten in den Weinbergen – an die ehemalige Begräbnisstätte. Eine am Kreuz angebrachte Tafel enthält die Inschrift: *»Zum Gedenken an die nach dem Krieg 1939-1945 in Gefangenschaft verstorbenen, an dieser Stelle beigesetzten und später in den Ehrenfriedhof Lohrer Wald umgebetteten deutschen Soldaten.«*

6.12.2 Gedenkstätte Lohrer Wald

Auf dem Ehrenfriedhof Lohrer Wald sind zahlreiche Tote aus den Rheinwiesenlagern beigesetzt worden. Vornehmlich aus den Lagern um Bad Kreuznach, aber beispielsweise auch aus Heidesheim. Die heutige Gedenkstätte liegt versteckt in einem Wald. Von Bad Kreuznach aus führt der Weg in Richtung des Nachbarortes Rüdesheim. Am Ortseingang zweigt rechts die L 236 in Richtung Hüffelsheim ab. Dieser Straße gilt es zu folgen, bis ein Schild »Gedenkstätte« den Weg in den Wald weist.

Nach 1950 begann der Volksbund Deutsche Kriegsgräberfürsorge mit der Anlage von Sammelfriedhöfen für Kriegstote. Für den Raum Bad Kreuznach war zunächst der Ausbau des schon bestehenden Friedhofs nahe dem Lager Galgenberg vorgesehen. Doch das Gelände erwies sich als ungeeignet. So entschied man sich für den Lohrer Wald. Es handelte sich um eine Waldwiese, auf der große Mengen von Munition lagerten. Diese hatte sich bei einer

Ehrenfriedhof im Lohrer Wald (Foto: Wolfgang Gerz, April 2013)

Explosion entzündet und das Erdreich weithin aufgerissen. Vor den Umbettungen waren daher umfangreiche Planierungsarbeiten notwendig.

Am 12. Dezember 1951 begannen die Umbettungen. Zu den Toten vom Friedhof Galgenberg kamen noch 579 weitere Tote aus Gräbern der näheren und weiteren Umgebung hinzu. Die erste Umbettungsaktion endete am 30. Juni 1952. Im darauf folgenden Jahr gab es nochmals Zugänge. Am 18. Oktober 1953 wurde die Gedenkstätte unter großer Anteilnahme der Bevölkerung feierlich eingeweiht. Die Weiherede hielt der damalige Ministerpräsident Peter Altmeier. In den Jahren 1954 und 1957 erfolgten weitere Zubettungen, so dass jetzt insgesamt 2.256 Kriegstote dort ruhen.

Eine andere Begräbnisstätte für die Toten aus den Lagern – vornehmlich Bretzenheim – war der deutsche Soldatenfriedhof auf dem Römerberg oberhalb der Stadt Stromberg. Hier legte die US-Armee am 26. März 1945 zwei Soldatenfriedhöfe nebeneinander an. Einen für gefallene US-Soldaten; einen zweiten für gefallene Deutsche. Am 11. April 1945 war der deutsche Teil mit 508 Gräbern belegt. Durch die Lagertoten aus Bretzenheim und anderen Lagerlazaretten erhöhte sich diese Zahl bis zum 18. Juni 1945 auf 1.003 Grabstellen. Nach weiteren Zubettungen in den Folgejahren wurde schließlich die Höchstzahl von 1.220 erreicht. Alle Toten lagen in Einzelgräbern. 1957 löste man den Friedhof auf. 223 Tote wurden von dort in den Lohrer Wald überführt.

6.13 Das Lager Heidesheim

6.13.1 Die Geschichte des Lagers

Das Lager hatte seinen Platz zwischen den damaligen Ortschaften Heidesheim und Heidenfahrt. Der Haupteingang befand sich in der Mitte der Straße zwischen den beiden Orten. Ein Gedenkstein in Nähe des heutigen Autobahnzubringers markiert in etwa die Stelle. Hier, wo jetzt Obstbäume wachsen, lagerten im Frühjahr 1945 zeitweilig bis 80.000 Gefangene. Die verwundeten Gefangenen brachte man im ehemaligen Alten- und Pflegeheim unter. Dieses Haus steht nicht mehr. Heute residiert an dieser Stelle das Diakoniewerk ZOAR.

In Heidesheim sind allerdings das Lager und das Krieggefangenenlazarett getrennt zu betrachten. Es handelte sich bei dem Lazarett nicht – wie in anderen Lagern üblich – um einen gesonderten Lagerbereich. Es bestand räumlich und zeitlich unabhängig vom Lager. Daher ist diesem Lazarett auch ein eigener Abschnitt vorbehalten (6.13.2).

In Unterlagen der US-Armee wird zu Mainz noch ein weiteres Lager im früheren Stadtteil Zahlbach erwähnt. Dieses Lager mit der Nummer A16 war für 10.000 Gefangene ausgelegt. Es wurde aber wohl nie errichtet bzw. genutzt;

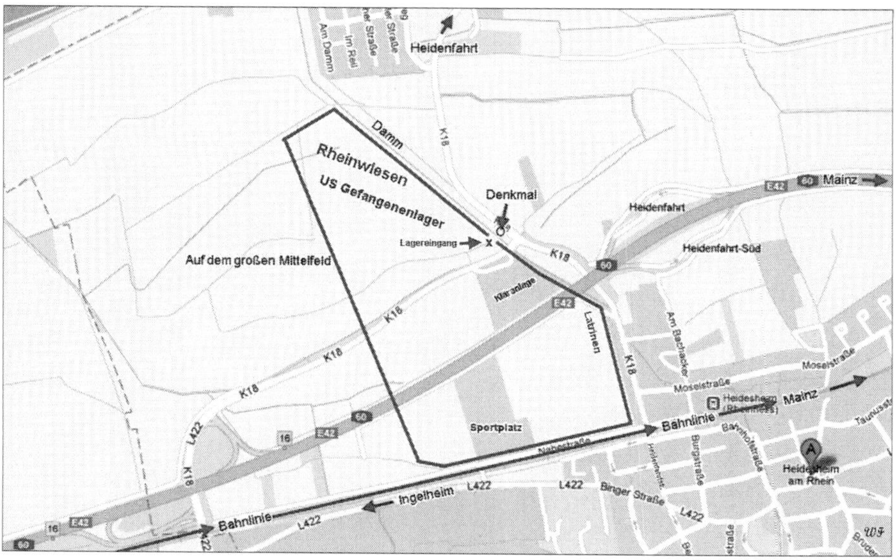

Plan zum Lager Heidesheim (Repro: Christian Müller, 2013)

zumindest finden sich dazu keine Unterlagen und auch in den zahlreichen Berichten von Inhaftierten taucht der Name nicht auf. Selbst dem Stadtarchiv in Mainz ist zu diesem Lager nichts bekannt. Zahlbach liegt in der Nähe des-Stadtteils Hechtsheim.

Das Lager Heidesheim wird in amerikanischen Unterlagen unter der Abkürzung PWTE A12 geführt, war für 80.000 Personen konzipiert und zum 8. Mai 1945 mit 65.453 Häftlingen belegt. Die Stadtverwaltung Heidesheim spricht von *»zeitweise 100.000 bis 120.000 Gefangenen«*. Diese Angabe erscheint überzogen und entspricht wohl nicht der Realität. Auch zu Heidesheim ist kein genaues Datum der Errichtung festzustellen. Man kann von den ersten beiden Aprilwochen ausgehen. Es entstand zwischen dem Rhein und dem heutigen Autobahnzubringer. Eine weitere Begrenzung bildete die Bahnlinie. Dabei wurde der jetzige Ortsteil Heidenfahrt mit seinen damals rund 180 Einwohnern der einfacheren Bewachung wegen in den Lagerkomplex einbezogen. Die Häuser von Heidenheim, die jenseits der Bahnlinie lagen, wurden bis auf eine Ausnahme geräumt. Den Aufbau übernahm das 424. Regiment der 106. US-Infanteriedivision, das von Oberstleutnant Stumpf befehligt wurde. Gefangene deutsche Soldaten mussten beim Aufbau mithelfen.

Die ersten Kriegsgefangenen kamen Mitte April im Lager an. Zu der Zeit dauerten die Aufbauarbeiten noch an und stellenweise fehlte der Zaun, was einige Inhaftierte zu anfänglichen Fluchtversuchen verführte, die fast immer tödlich endeten. So berichtet der Gefangene Johann Hinkel von zwanzig Erschossenen am 27. April, deren Leichen er unter den Armeefahrzeugen sah. Es gab allerdings auch drei geglückte Fluchtversuche. Die Zustände

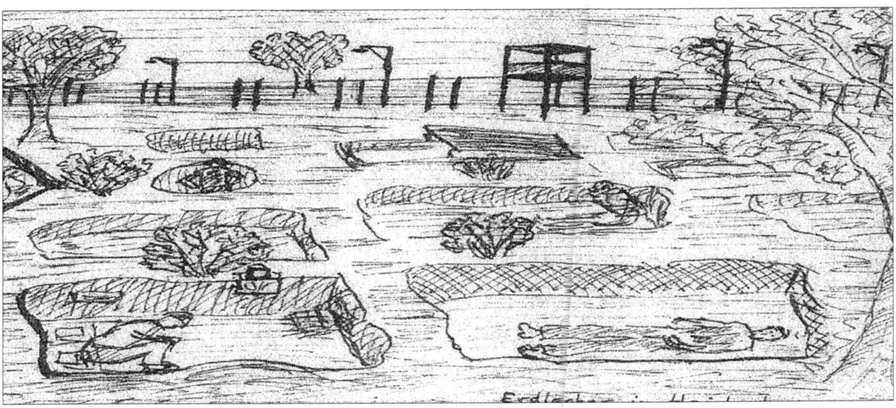

Schlafplätze im Lager Heidesheim, Zeichnung des Gefangenen Heinz Kock (Aus: Müller, 2013, S. 9, nach Kock: »3 x wehrlos ausgeliefert«)

waren vergleichbar mit denen anderer Lager. Auch in Heidesheim fehlte es an Essen, Unterkunftsmöglichkeiten, sanitären Anlagen und medizinischer Betreuung. Erst Mitte Mai wurden Trinkwassertanks aufgebaut. Das Elend blieb der Bevölkerung nicht verborgen und so liefen auch hier Hilfsaktionen für die Insassen an. Schon am 2. Mai 1945 vermeldet der Bürgermeister von Heidesheim den Erfolg einer ersten Hilfsaktion:

> *»Durch Mitwirkung der Geistlichkeit ist es mir gelungen, zu erreichen, dass die Gefangenen mit wasserdichten Mänteln, Zeltbahnen, Decken und schützenden Dingen versorgt werden. Abgesehen davon, dass wir gestern schon das ganze Lazarett durch freiwillige Spenden an Waschschüsseln und anderen nützlichen Dingen eingerichtet haben, kann ich sagen, dass innerhalb einer halben Stunde Heidesheim ca. 600 Wolldecken, Zeltbahnen, Mäntel usw. gespendet hat.«*

Es fehlte auch an entsprechender Kleidung. So berichtet ein Insasse:

> *»Im Lager gab es Greise und Jungen von und unter 14 Jahren, die teilweise nur mit Pyjama bekleidet waren, da sie wegen Werwolfverdachts nachts verhaftet und abtransportiert worden waren.«*
> *(Quelle: Müller, 2013, S. 103)*

Hilfe kam auch aus dem benachbarten Gonsenheim. Dort tat sich besonders Bürgermeister Alexander hervor, der Sammlungen für das Lager organisierte. Als zentrale Sammelstelle fungierte das Gasthaus »Zum Löwen«. Hier wurden allein aus Gonsenheim 1.194 Decken, 337 Mäntel, 51 Zeltbahnen und 169 weitere Kleidungsstücke abgegeben. Täglich ging eine Fuhre nach Heidesheim.

Denkmal zum Lager Heidesheim (Foto: W. Gerz, 9.4.13)

Um die medizinische Versorgung zu verbessern, richtete die US-Armee ab Mitte April 1945 im ehemaligen Pflegeheim ein Lagerlazarett ein. Nach kurzer Zeit meldeten sich Schwestern, um die Pflege der Kranken und Verletzten zu übernehmen. Es wurden in den umliegenden Dörfern Lebensmittel besorgt. Eine Welle der Hilfsbereitschaft lief an. Nachbarn des Lazarettes brachten täglich Lebensmittel und andere lebenswichtige Dinge. Der leitende amerikanische Arzt bemühte sich wohl nach Kräften um die Kranken. Er wird von den Gefangenen als jovial und fröhlich beschrieben und seine Arbeit war von Routine und Sachkenntnis geprägt. Das Lazarett bestand allerdings nur bis Anfang Juni und wurde dann nach Diez verlegt.

Dass das Lager der Gemeinde Heidesheim noch andere Sorgen bereitete, beweist ein Schreiben der Gemeinde vom 7. Mai 1945 an die Nachbarorte. Der Bürgermeister bittet dringend von Besuchen am Lagergelände Abstand zu nehmen, da durch die vielen Besucher der Verkehr der Besatzungstruppen ins Stocken gerate. Die Militärs drohten dem Bürgermeister mit der völligen Räumung seiner Gemeinde. Insofern ist auch die Beschwichtigung hinsichtlich der Verpflegung zu verstehen. Er schreibt, dass die Gefangenen den gleichen Verpflegungssatz erhielten wie die amerikanischen Soldaten. Was offensichtlich nicht der Wahrheit entsprach. Zudem lässt er die umliegende Bevölkerung wissen, dass Lebensmittel nicht über den Lagerzaun geworfen werden dürfen und andere Spenden im Rathaus abzugeben sind.

Erinnerungstafel am Denkmal bei Heidesheim (Foto: Wolfgang Gerz, 9. April 2013)

Dort wo aktuell die Obstbäume stehen, lagerten 1945 die Gefangenen bei Heidesheim (Foto: Wolfgang Gerz, 9. April 2013)

Wie in allen Lagern, so waren auch in Heidesheim die Arbeitseinsätze bei den Gefangenen sehr beliebt. Einsatzpunkte bildeten u. a. die beiden örtlichen Bäckereien Kraus und Vada. Die Besitzer mussten ihre Häuser räumen und die Amerikaner ließen hier für das Lager Brot backen. Die US-Armee lieferte das Korn, deutsche Gefangene backten in drei Schichten das Brot. Täglich holte ein Lastwagen die Backwaren ab. Für eine andere und unangenehmere Tätigkeit bediente man sich aber nicht der Gefangenen, sondern griff auf die Bürgerschaft zurück: dem Bestatten der Lagertoten. Am westlichen Ortsende in Richtung Ingelheim mussten Männer Massengräber für die Toten des Lagers ausheben. Ab dem 9. Mai war dafür allerdings eine eigene Company der US-Armee zuständig, die auch die Massengräber aushob, die Leichen exhumierte und in Listen erfasste.

Bedingt durch die zahlreichen Entlassungen wurde das Lager Heidesheim bald überflüssig. Zudem hatte der Lagerleiter Donald Washington Gefangene nach Bretzenheim, Dietersheim und Hechtheim verlegt. So kam der Befehl zur Auflösung des Lagers sicher nicht überraschend. Am 9. Juni 1945 war das Lager PWTE A12 Heidesheim offiziell aufgelöst. Die Wachmannschaft rückte nach Dietersheim ab.

Der Sterblichkeit im Lager Heidesheim widmet Böhme ein eigenes Kapitel (1972, S. 201 f.). Auch hier gibt es unterschiedliche Angaben: Die US-Armee nennt 284 Verstorbene, die Stadtverwaltung Heidesheim listet 397 Tote auf und versichert ausdrücklich, dass damit alle Sterbefälle im Lager erfasst sind. Ein Insasse hingegen berichtet, dass im Lager Heidesheim die Gefangenen *»wie die Fliegen«* starben. Angeblich bis zu 40 Todesfälle täglich. Als Ursachen werden in erster Linie Krankheit und Unterernährung angeführt.

Würde man diese Zahl als glaubhaft erachten und auch nur auf einen Monat hochrechnen, so ergäbe sich allein für die Zeit von Mitte April bis Mitte Mai eine Sterbezahl von 1.200. Auch dies wieder absolut unrealistisch und im krassen Gegensatz zu den tatsächlichen Zahlen der Stadtverwaltung stehend. Ein weiteres Indiz dafür, wie wenig glaubwürdig die Aussagen von Zeitzeugen bisweilen sind und wie vorsichtig – gerade hinsichtlich der Zahlenangaben – mit ihnen umzugehen ist.

Auch aus Heidesheim wurden zwischen 1948 und 1952 zahlreiche Leichen in den »Lohrer Wald« bei Bad Kreuznach umgebettet.

6.13.2 Kriegsgefangenenlazarett

Das Kriegsgefangenenlazarett Heidesheim bestand unabhängig vom Lager Heidesheim. Es wurde ab dem 15. August 1945 eingerichtet. Der Lagerarzt in Dietersheim, ein Dr. Kurth hatte der französischen Militärverwaltung den Wunsch vorgetragen, die Errichtung eines zentralen Lazaretts zu erlauben, um dort die kranken Gefangenen sachgemäß zu pflegen und zu betreuen. Die Franzosen erlaubten dies nicht nur, sie förderten auch den Aufbau und sorgten sogar für eine entsprechende medizinische Ausstattung. Auch deutsche Dienststellen, wie die Regierung Rheinhessens oder die Kreisverwaltung Bingen, unterstützten das Vorhaben. Als Standort wurde die ehemalige Siechenanstalt in Heidesheim ausgewählt, die bereits den Amerikanern als Lazarett gedient hatte.

Ärzte und Helfer, die aus dem Gefangenenlager Dietersheim kamen, richteten das Lazarett ein. Zur Ärzteschaft zählten außer Dr. Kurth noch die Herren Schneider, Jakobi, Leu, Richard und Madaus. Unermüdlich besorgten die Verantwortlichen mit Einverständnis der französischen Verwaltung die notwendige Ausrüstung. Die Bürgermeister von Heidesheim, Lebert und später Sornberger, halfen soweit es die Umstände erlaubten. Besonders Sornberger wird von den Ärzten lobend erwähnt. Auch aus benachbarten Orten kam wertvolle Hilfe. Aus Ingelheim, Schornsheim, Spiesheim, Ensheim, Undenheim,

Finthen und Alzey kamen Bürgermeister und Pfarrer. Sie luden Lebensmittel ab, ja sogar lebende Kälber wurden herbeigeschafft. Französische Offiziere kamen aus Bingen und brachten paketweise Zigaretten und Zigarren – ein Beispiel der völkerverbindenden Kameradschaft, die mehr für die deutsch-französische Freundschaft bewirkte als viele Bücher und Konferenzen. So waren die Lazarettinsassen in bester Obhut.

Aufgenommen wurden in Heidesheim erkrankte Gefangene aus verschiedenen Lagern; u.a. aus Dietersheim und Hechtsheim. Am 24./25. August trafen die ersten 66 Kriegsgefangenen ein. Ab dem 1. September wurden 240 Kranke aus Hechtsheim nach Heidesheim gebracht. Am 24. September 1945 befanden sich im Lagerlazarett noch 230 Patienten, die von neunzehn Bediensteten betreut wurden; davon sechzehn Schwestern. Die Leitung lag nun in den Händen eines Dr. Heindl. Die schweren Fälle aus den Außenlagern Ingelheim und Westerhaus wurden nach Heidesheim verlegt, *»wo trotz bester Pflege und Ernährungsmöglichkeit mehrere völlig entkräftete Personen nicht mehr gerettet werden konnten«*. So ein Vermerk des RP Rheinhessen aus dem Stadtarchiv Mainz. Insgesamt behandelte man 656 Patienten, wovon 609 als gesund entlassen wurden. 40 Patienten sind im Lazarett verstorben. Zum 1. Juli 1946 wurde das Kriegsgefangenenlazarett Heidesheim aufgelöst.

Die Geschichte des Lazaretts in Heidesheim zeigt, dass es in diesen leidvollen Tagen des Jahres 1945 auch hoffnungsvolle Zeichen gab. Mit Hilfe der verständnisvollen französischen Obhutsmacht und einer überwältigenden Hilfsbereitschaft der Bevölkerung Rheinhessens konnte hier viel Leid erspart und manches Leben gerettet werden. Welch krasser Gegensatz zu den Lagern Dietersheim und Bretzenheim, wo nur himmelschreiendes Elend herrschte. Ein Gefangener in Heidesheim zollt sowohl der hilfsbereiten Bevölkerung, wie auch den Wachmannschaften, großes Lob:

> *»Es wurde sehr viel geleistet. Die Spenden (belegte Brote, ganze Brote, Obst, eingewecktes Obst, Fleisch und Gemüse) kamen uns auch täglich zugute. Die Lagerleitung stellte das tägliche Über-den-Zaun-werfen ein und sammelte die Spenden ein und verteilte sie gerecht an Jugendliche, Kranke, Verwundete und inhaftiert Gewesene.«* *(Quelle: Stadtarchiv Mainz, VOA 12/1624)*

6.14 Das Lager Mainz-Hechtsheim

Das Lager im Mainzer Vorort Hechtsheim wurde Anfang April 1945 eingerichtet. Es hatte seinen Platz an einer ehemaligen Kaserne, die in den Lagerkomplex einbezogen war. Die noch vorhandenen Gebäude dienten als Küche und Unterkunft der Lagerleitung. Zusätzlich standen im Lager noch andere Baracken, in denen wohl überwiegend Jugendliche festgehalten wurden. Das Lager erstreckte sich von der damaligen Gaustraße (heute: Kaserne Kurmainz an der Rheinhessenstraße) bis zum Marienborner Weg. In der Länge maß es etwa einen Kilometer und in der Breite 250 Meter und umfasste damit circa 25 Hektar. In US-Unterlagen wird es als Lager A 17 geführt und war ausgelegt für 50.000 Gefangene. Diese Belegungszahl hat man aber wohl nie erreicht. Nach dem Bericht des Gefangenen Fritz Kriemer lag die Höchstzahl bei etwa 25.000. Dem Lager war ein Lazarett angegliedert, das unter kläglichen Bedingungen rund 1.000 Erkrankte aufnehmen konnte.

Nach Aussage des Gefangenen Gerhard Scheinert, der Mitte April als Sechzehnjähriger nach Hechtsheim kam, war es zu der Zeit überwiegend mit Sudetendeutschen und Ungarn belegt. Während die Gefangenen auch hier anfangs auf freiem Feld nächtigen mussten, standen aber bald auch Zelte zur Verfügung. Scheinert weiter:

> *»Zwei Soldaten sahen uns dastehen. Sie nahmen uns in ihr Zelt, denn sie hatten noch Platz. Wir lebten in dem Lager besser als drüben bei Bingen. Es gab mittags und abends einen Liter Suppe in der Kartoffeln, Tomaten und paar Fleischstücke schwammen. Meistens rannte ich nach dem Verzehr der Suppe gleich zur Latrine. Die festen Stoffe behielt ich, doch das Wasser schlug durch. Vielen erging es ähnlich. Von Tag zu Tag fühlte ich mich in Hechtsheim heimischer, doch keinesfalls daheim. Das lag an der heimatlichen Sprache der Menschen und unserem gemeinsamen Zuhause, die mir das Lager erträglicher machten.«*
>
> *(Quelle: Stadtarchiv Mainz nach Aufzeichnungen von Gerhard Scheinert, Schifferstadt)*

Die Bewachung war wohl eher lasch, so dass vor allem die ungarischen Gefangenen öfters zu nächtlichen »Ausflügen« aufbrachen. Sie organisierten außerhalb des Lagers Lebensmittel. Bei der Rückkehr wurden sie vielfach ertappt und dann auch bestraft. Diese Strafen hatten jedoch kaum erzieherische Wirkung. Sie hielten die Ungarn jedenfalls nicht von weiteren Beutezügen ab. Scheinert ist der Ansicht, dass die ungarischen Gefangenen auch bevorzugt entlassen wurden. Als das Lager zum 10. Juli 1945 in die französische Befehlgewalt überging, befanden sich hier noch rund 21.600 Gefangene. Kurz nach der Übernahme durch die Franzosen verschärfte sich die Lebensmittelversorgung katastrophal, was zahlreichen Insassen das Leben kostete. Nach Angaben der Gemeinde Gonsenheim befanden sich am 22. Juli 1945 noch 21.000 Menschen im Lager. Der dortige Bürgermeister Alexander rief zu Lebensmittelspenden auf, für die eine Sammelstelle bei der Obst- und Gemüseverwertungsstelle in der Ölwiesenstraße eingerichtet wurde. Täglich wurden dort gesammelte Lebensmittel nach Hechtsheim gebracht.

Der Regierungspräsident von Rheinhessen schrieb am 9. August 1945 an die Oberbürgermeister von Mainz und Worms sowie an die Landräte in Mainz, Bingen, Worms und Alzey:

»Die Hilfsaktion zu Gunsten der Kriegsgefangenen darf mit Genehmigung der Militärbehörde durchgeführt werden. Ich bitte Sie also, mit den hierfür geeigneten Mitteln dafür zu sorgen, dass die Hilfsaktion in vollem Umfang zur Durchführung gelangt, und dass die Erträgnisse zu Gunsten der KG der beiden Lager Hechtsheim und Dietersheim sofort und laufend zur Verfügung gestellt werden können. (...) Ich bitte darauf hinzuweisen, dass insbesondere folgende Dinge dringend benötigt werden: Brot, Mehl, Fleisch, Eier, Kartoffeln, Nährmittel, Teigwaren, Brotaufstrich, Käse, Obst und Konserven. (...) Das Lager Hechtsheim wird durch die Landkreise Mainz und Worms und die Stadtkreise Mainz und Worms betreut.« *(Quelle: Stadtarchiv Mainz, Bestand 070/1026)*

Auch in Hechtsheim war es in den Monaten Juli/August, als sich die Zustände allmählich normalisiert hatten, üblich, Gefangene zu Arbeitseinsätzen im Umfeld abzustellen. Dies geht aus den Unterlagen hervor, die im Mainzer Stadtarchiv aufbewahrt werden. So schreibt der ehemalige Gefangene Alois Misof:

»Ich war als damaliger Kriegsgefangener der französischen Besatzungsmacht vorübergehend zum Arbeitseinsatz zu Herrn Schreiber in der Honigstraße 7 in Hechtsheim abkommandiert worden. Das war Juli/August 1945. In dieser Zeit habe ich im Haus Schreiber die Bodenkammer bewohnt und erhielt dort auch kostenlos Verpflegung.« *(Quelle: Stadtarchiv Mainz, Bestand VOB 12/2305)*

In einem Vermerk des Regierungspräsidiums für Rheinhessen in Mainz vom 1. September 1945 heißt es: *»Das Lager Hechtsheim wird vorläufig nicht geräumt. Es werden noch Transporte von Gefangenen dem Lager zugehen. Die Versorgung mit Lebensmitteln ist dringend geboten.«* Das Lagerhospital Hechtsheim bittet mit Schreiben vom 3. September 1945 den Mainzer Oberbürgermeister Dr. Schwahn um die Bereitstellung eines LKW. Damit sollen die *»restlichen 150 Kranken«* nach Heidesheim verlegt werden. Auch in Hechtsheim wandten sich Gefangene mit kleinen Bittzetteln an die Bevölkerung. Diese Zettel wur-

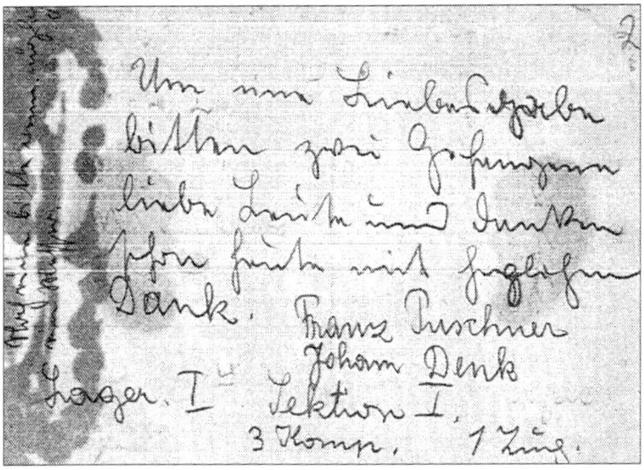

Um eine Liebesgabe bitten zwei Gefangenen liebe Leute und danken schon heute mit herzlichem Dank. Franz Puschner Johann Denk Lager I Sektion I, 3 Komp. 1 Zug.

Bittzettel von zwei Gefangenen in Hechtsheim (Stadtarchiv der Stadt Mainz, VOA 12/2305)

den entweder über den Lagerzaun geworfen oder aber bei Arbeitseinsätzen unter die Leute gebracht.

Aufgelöst wurde das Lager vermutlich erst Oktober/November 1945. Mit Datum vom 31. Oktober 1945 bedankte sich die deutsche Lagerleitung *»anlässlich der Auflösung des Kriegsgefangenenlagers Camp A17«* bei der Stadt Mainz für die erhaltene Unterstützung:

»Die eingeleitete Liebesgabensammlung hatte einen großen Erfolg. Alle Bevölkerungskreise gaben trotz eigener Notlage in reichem Maße. Dadurch erfuhr das harte Los unserer vielen kranken und schwachen Kameraden eine fühlbare Erleichterung.«

(Quelle: Stadtarchiv Mainz, Bestand 070/1026)

Dafür, dass das Lager noch im November bestand, spricht ein Aufruf, der am 23. November 1945 in Mainz-Gonsenheim verteilt wurde und der auf den gleichen Tag datiert ist.

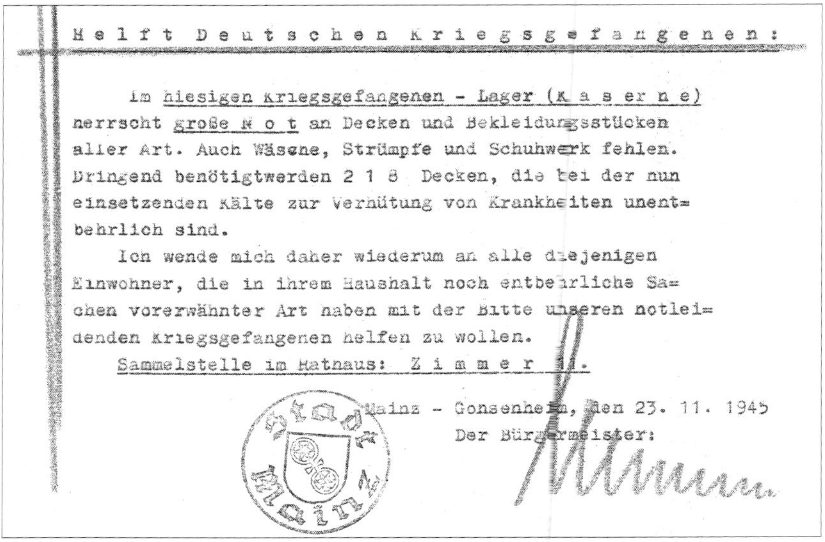

Helft Deutschen Kriegsgefangenen:

Im hiesigen Kriegsgefangenen - Lager (K a s e r n e) herrscht große N o t an Decken und Bekleidungsstücken aller Art. Auch Wäsche, Strümpfe und Schuhwerk fehlen. Dringend benötigtwerden 2 1 8 Decken, die bei der nun einsetzenden Kälte zur Verhütung von Krankheiten unentbehrlich sind.

Ich wende mich daher wiederum an alle diejenigen Einwohner, die in ihrem Haushalt noch entbehrliche Sachen vorerwähnter Art haben mit der Bitte unseren notleidenden Kriegsgefangenen helfen zu wollen.

Sammelstelle im Rathaus: Z i m m e r 1.

Mainz - Gonsenheim, den 23. 11. 1945

Der Bürgermeister:

Aufruf zur Hilfe für das Lager Hechtsheim (Stadtarchiv der Stadt Mainz, VOA 08/1551)

Auch zu diesem Lager sind kaum genaue Angaben zu den Lagertoten zu gewinnen. Während Gefangene von allein 200 Toten nach der Hungerkatastrophe unter den Franzosen sprechen, sind auf dem Hechtsheimer Friedhof lediglich 177 Verstorbene aus dem Lager in einer geschlossenen Grabanlage beigesetzt.

Im Februar 1968 wurden bei Bauarbeiten im Bereich des ehemaligen Lagergeländes menschliche Skeletteile gefunden. Der damalige NDP-Landtagsabgeordnete May (Osthofen) vermutete sofort ein »*Massengrab deutscher und ungarischer Wehrmachtsangehöriger*«. Bei intensiven Nachforschungen bargen Fachleute des »Volksbundes Deutsche Kriegsgräberfürsorge« fünf Leichen und konnten diese anhand von Uniformteilen und anderen Fundstücken als ungarische Soldaten identifizieren. Der Landtag antwortete dem NPD-Abgeordneten, dass nach diesem Fund weitere Grabungen im Umfeld durchgeführt worden sind, ohne allerdings auf weitere Leichen zu stoßen. Auch wenn von einem Massengrab keine Rede sein kann, will man weitere Einzelgräber im Bereich des ehemaligen Lagergeländes nicht ausschließen.

6.15 Das Lager Ludwigshafen-Rheingönheim

Nach US-Angaben war das Lager Ludwigshafen-Rheingönheim für 100.000 Gefangene ausgelegt; an anderer Stelle ist von einer geplanten Kapazität von 120.000 Gefangenen die Rede. Mit der Errichtung des Lagers begann die amerikanische Armee am 24. März 1945. Man zäunte dazu entlang der Straße Mundenheim – Rheingönheim 400 Morgen Feldmark ein und bezog auch das Industriegelände der Firma Gebrüder Guilini in den Lagerkomplex ein. Später wurde es bis zum Hochwasserdamm vor dem Neuhofener Wald erweitert. Der Eingang zum Lager befand sich an der heutigen Parkstraße. Mittig durch die Feldmark verlief die Lagerstraße, rechts und links befanden sich die mit drei Meter hohem Stacheldraht eingefassten Camps; in Rheingönheim auch öfter als Stockade bezeichnet. Als einziges Gebäude stand in der Feldflur eine Baracke einer ehemaligen Flakstellung. Am Ende der Lagerstraße, dort wo der Zaun das Lager von der damaligen Straße nach Altrip trennte, hatten die Gefangenen ein Holzkreuz errichtet, unter dem die beiden Geistlichen Kuntz und Jöckle Gottesdienste abhielten. In jedem Camp gab es eine Lagerbaracke für den Lagerführer, die Lagerwache und das Küchenpersonal. Das Lager war von mit MG-bestückten Wachtürmen umstellt. Am 8. Mai 1945 war das Lager nach US-Angaben mit 80.091 Mann belegt.

Der Dokumentation von Walter Schäfer ist zu entnehmen, dass es nie die Sollstärke von 100.000 Gefangenen aufwies. In einem Camp links der Lagerstraße waren Rot-Kreuz-Schwestern und Nachrichtenhelferinnen eingesperrt. Auch sie mussten unter freiem Himmel ausharren; wurden aber nach rund drei Wochen verlegt und wohnten dann, so Kumpmann, auch in Baracken. Ein anderes Camp war den rund 850 Ungarndeutschen vorbehalten. Als Krankenstation diente anfangs lediglich ein leeres Zelt. Im April kamen noch mehrere Zelte hinzu, die man auch mit Heu und Stroh auslegte. Bald fanden sich die dazugehörenden Kranken ein. Verwundete deutsche Soldaten aus Lazaretten und Krankenhäusern lagerte man hierher aus, um dort Platz für verwundete GIs zu schaffen. Medikamente waren im Lager anfangs fast gar nicht vorhanden. Die deutschen Lagerärzte und Sanitäter erbettelten bei den Gefangenen Tabletten und Verbandstoff.

Sehr unterschiedlich wird die personelle Erfassung der Gefangenen dargestellt. Während einige behaupten, nie registriert worden zu sein, mussten die Gruppenführer in Ludwigshafen am 10. Mai 1945 alle Inhaftierten erfassen. Anzugeben waren Adresse, Beruf, frühere Arbeitsstätte. Auch von kurzen

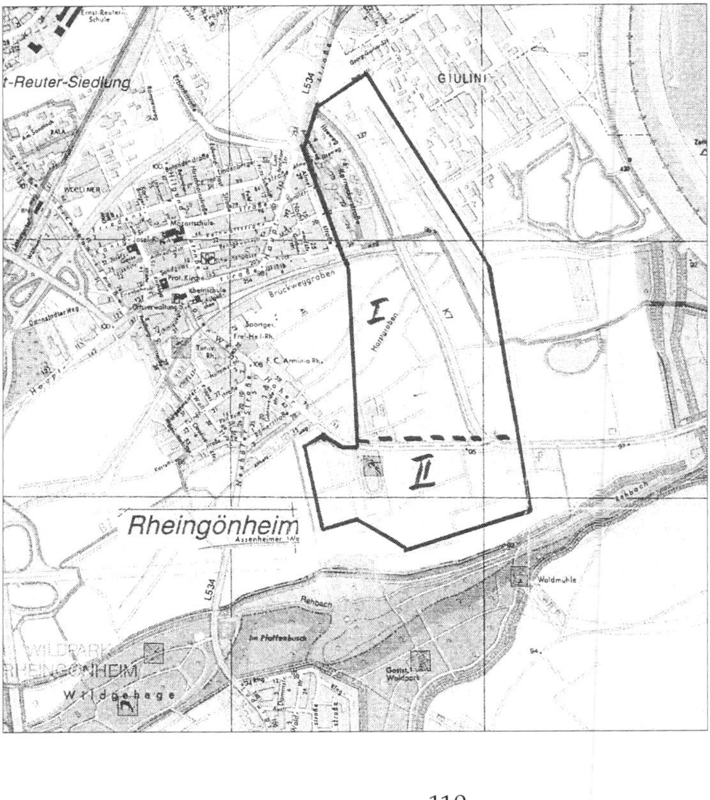

Plan zum Lager Rheingönheim (Nach Wagner, 1990, Anhang)

Verhören wird aus Rheingönheim berichtet. Danach stufte man, so Kumpmann, die Gefangenen in drei Kategorien ein:

1. Unbelastet 2. Nazis und 3. Gemischt.

Am 7. Juli 1945 erschien im »Ludwigshafener Stadtanzeiger« eine Bekanntmachung zur Auflassung des Gefangenenlagers:

»Das zwischen den Giuliniwerken und dem Stadtteil Rheingönheim gelegene Gefangenenlager ist durch die amerikanische Militärbehörde aufgelöst worden. Der Bevölkerung bleibt jedoch weiterhin das Betreten des eingezäunten Geländes verboten«.

Wann das Lager Ludwigshafen genau aufgelöst wurde, bleibt unklar. Im Gegensatz zu der Meldung vom 7. Juli steht ein Eintrag in der Chronik der Firma Giulini, wonach erst im August die verbliebenen Gefangenen nach Heilbronn verlegt wurden und danach der Abbruch des Lagers begann. Wie bei vielen anderen Lagern, so fehlt zu Rheingönheim jeglicher Vermerk einer Übernahme durch die Franzosen am 10. Juli 1945, was wiederum eine Auflösung am 7. Juli wahrscheinlich macht. Vor der Auflösung waren bereits viele Gefangene als Zwangsarbeiter nach Frankreich überstellt worden. Allerdings wurden auch etliche in die Heimat entlassen, wie der Schilderung von Bühler zu entnehmen ist:

4. Juni: Ich werde von zwei amerikanischen Offizieren vernommen. Da ich erst 16 Jahre alt bin, fragen sie nach meinen Eltern und ob diese christlich eingestellt sind. Ich bejahe dies und teile auch mit, dass mein Vater bereits verstorben ist und die Mutter mit dem jüngsten Bruder eine große Landwirtschaft zu bewältigen habe. Ich würde ihr dabei gerne helfen. Darauf sagt einer der Offiziere zu mir: Dann kehren sie jetzt zurück in ihre Heimat und helfen sie bei der Getreideernte mit.
5. Juni: Ich werde ärztlich untersucht und erhalte meine Entlassungspapiere sowie ein Entlassungsgeld von 40 Reichsmark.
6. Juni: Heute erhalte ich meinen Entlassungsschein: »Vom Heer entlassen«.
8. Juni: Wir sind überglücklich, als wir den Ruf hören: ›13a und 13b vorne antreten.‹ Wir werden in Stockade drei verlegt. Wir kommen dem Tor zur Freiheit näher.
11. Juni: Wir dürfen die Stockade verlassen. Das Tor öffnet sich. Wir sind frei.

Das Lager Rheingönheim (Stadtarchiv Ludwigshafen, Nr. 21932)

Die so oft geschilderte katastrophale Versorgungslage wird durch einen Bericht aus dem Lager Ludwigshafen-Rheingönheim um eine Variante bereichert. Es zeigt sich, dass auch hier das deutsche Küchenpersonal den eigenen Landsleuten Verpflegung vorenthielt. Die Aussage eines Betroffenen belegt dies:

»Bei Kontrollen wurden ganze Wagenladungen wieder aus den Küchen herausgeholt, welche von dem deutschen Küchenpersonal verbotswidrig gehortet waren. Den Hunger ausnutzend, hat die deutsche Lagerleitung immer wieder Brot gegen Uhren und Wertsachen eingetauscht. Mancher Trauring, den die Amerikaner bisher nicht gefunden hatten, wurde hier den Deutschen von Deutschen abgenommen.« *(Quelle: Stadtarchiv Koblenz, Bestand DB 8, Nr, 12, Bericht Göbler)*

Auch den deutschen Lagerführern werden schwere Vorwürfe seitens der Gefangenen gemacht. So heißt es in einem Bericht:

»Die Lagerführer waren Feldwebel und Oberfeldwebel, welche sich als Kriegsgefangene in den USA als Antifaschisten ausgegeben hatten und von den Amis in Sonderbehandlung zu so genannten guten Demokraten geworden sind. Es waren die größten Schweinehunde, welche mir in der Wehrmacht begegnet sind. Von daher ist mein Demokratieverständnis heute noch belastet. Hätten sie sich nicht ständig mit ihrer Lagerwache umgeben, keiner dieser Typen hätte diese Zeit wohl überlebt. Das bisschen Verpflegung, das wir bekamen, haben sie zum Teil, in Zusammenarbeit mit dem Ami, noch verschoben.«

(Quelle: Stadtarchiv Koblenz, Bestand DB 8, Nr, 12, Bericht Burbach)

In die gleiche Richtung zielt ein weiterer Augenzeugenbericht:

»Ein Ereignis ist mir besonders in Erinnerung geblieben. Wir bekamen einmal je drei Pellkartoffeln. Nach der Verteilung blieb eine Kiste übrig. Der Lagerführer ließ diese Kiste ins Gelände stellen. Jeder, der wollte, konnte sich im Umkreis von zehn Metern um die Kiste aufstellen. Auf einen Pfiff des Lagerführers stürzten sich alle auf die Kiste, um eventuell noch eine Kartoffel zu ergattern. Wir waren wie eine Horde wilder Tiere. Die Kartoffeln sind alle im Dreck zertrampelt worden. Für den Lagerführer und seine Wache war das ein toller Spaß.«

(Quelle: Stadtarchiv Ludwigshafen nach Aufzeichnungen von Walter Schäfer, Ludwigshafen)

Die deutsche Lagerpolizei führte auch in Rheingönheim ein strenges Strafregiment. So band man einen verlumpten, ausgehungerten Mann, der des Diebstahls bezichtigt wurde, vierundzwanzig Stunden an einen Pfahl, an dem er mehr tot als lebendig hing. Wer im Lager keine Ordnung hielt, wurde mit drei Tagen Essensentzug bestraft. Ein Siebzehnjähriger hatte in der Küche drei Kartoffeln gestohlen. Mit einem Schild um den Hals (»Ich Schwein habe meine Kameraden bestohlen«) trieb man ihn durch das ganze Lager.

Leben in provisorischen Zeltstädten, Aufnahme aus dem Lager Rheingönheim (Stadtarchiv Ludwigshafen)

Anfangs bestand keine Lagerküche und das gesamte Essen musste mit LKWs in Fünfzig-Liter-Kübeln herangeschafft werden. Dies schreibt der Gefangene Christoph Kumpmann, der am 28. April 1945 nach Rheingönheim kam, in seinem Erinnerungsbericht. Kumpmann weiter:

> *»Dann bauten Neger mit Papphelmen auf dem Kopf eine Küchenbaracke, in der Tag und Nacht gekocht wurde. Natürlich wurde auch Tag und Nacht Essen ausgegeben. Da die Küche zu klein geraten war, lagen oft zwischen den kargen Mahlzeiten über achtzehn Stunden. Erst nach einigen Wochen wurde es besser. Es gab Sonderzuteilungen und es gab Dinge, die die Küche aus Mangel an Kesseln nicht verarbeiten konnte. Verteilt wurden: Bohnenkaffee, Schokolade, Marmelade, Rosinen usw. Es waren immer winzige Mengen pro Mann. Ich hatte zwar immer Appetit, aber nie quälenden Hunger.«*
>
> *(Quelle: Stadtarchiv Ludwigshafen nach Aufzeichnungen von Christoph Kumpmann, Göttingen, 1992)*

Versuche zur Hilfe gab es auch hier. So warfen Frauen und Kinder aus der am Lager vorbeiführenden Straßenbahnlinie Lebensmittel und Kleidungsstücke auf das Lagergelände, obwohl dies unter Strafe verboten war und die Bürger damit rechnen mussten, für eine Nacht festgesetzt zu werden. Solidarität bewiesen auch die Straßenbahnführer, die betont langsam am Lagerzaun vorbeifuhren.

Aus dem Ort Rheingönheim sind zumindest zwei Sammlungen zugunsten der dortigen Kriegsgefangenen bekannt. Auch das nahe Werk der Gebr. Giulini bot aus seinen Beständen Decken und Lebensmittel an. Der Oberbürgermeister von Ludwigshafen trat kurz vor dem 1. Mai 1945 an den zuständigen US-Oberst Hoover heran und bot die Hilfe der Bevölkerung an. Offiziell wurde dies allerdings abgelehnt, so eine amtliche Bekanntmachung der Stadt vom 29. Mai 1945. Der Inhaftierte Eberhard Bühler zeigt in seinem Erlebnisbericht teilweise Verständnis für das anfängliche Chaos im Lager:

> *»Man kann sich vorstellen, dass so ein 100.000-Mann-Lager eine ganz ordentliche Organisation erforderte. Aber nach einiger Zeit lief alles gut geregelt.«*
>
> *(Quelle: Stadtarchiv Ludwigshafen nach Aufzeichnungen von Eberhard Bühler, Benningen, 1992)*

Auch in Rheingönheim gab es Ausbruchversuche, die tödlich endeten. Ein Gefangener berichtet dazu:

> *»In einer Nacht hatten sechs Gefangene versucht auszubrechen. Plötzlich, gegen 24 Uhr hörten wir Schüsse und kurz darauf sahen wir, dass vier Gefangene gefesselt an unserem Camp vorbeigeführt wurden. Dann hörten wir Hilfeschreie außerhalb des Camps, bis zum frühen Morgen. Dann wurde es still. Es kamen G.I. an das Tor und riefen nach einem Sanitäter und sechs Mann. Ich stand in der Nähe des Tores und bekam die ganzen Vorgänge mit. Es meldete sich ein Oberfeldwebel. Er und sechs Mann gingen mit den Amerikanern und brachten einen toten und einen noch lebenden, aber ohne Bewusstsein und schwer angeschossenen Verwundeten. Niemand hatte Medikamente, nur ein paar Verbandpäckchen gab es noch. Der Verwundete starb, ohne das Bewusstsein noch einmal erlangt zu haben.«*
>
> *(Quelle: Stadtarchiv Ludwigshafen nach schriftlichen Erlebnisberichten)*

Zu den Verstorbenen des Lagers existieren Kopien von Auflistungen im Stadtarchiv Ludwigshafen, die als Sterbeort jeweils die Angabe »Gef. Lager Giulini« bzw. lediglich »Giulini« enthalten. Da diese Listen verschiedene Lücken aufweisen, ist von mehr Toten auszugehen als hier aufgeführt sind. Die Listen enthalten lediglich Einträge zu den Monaten März und Mai. Unwahrscheinlich, dass in den Monaten April und Juni keine Todesfälle zu verzeichnen waren. Aufgrund der ziemlich genauen Mai-Angaben bietet sich hier eine Hochrechnung für die Zeit von Ende März bis Anfang Juli an. Es wäre demnach von 48 Verstorbenen im Lager auszugehen. Die Toten des Lagers wurden auf den Friedhöfen in Rheingönheim und Ludwigshafen beigesetzt.

6.16 Das Lager Böhl-Iggelheim

Die Doppelgemeinde Böhl-Iggelheim liegt im Rhein-Pfalz-Kreis in der Nähe zu Ludwigshafen. Das dortige Lager wurde Mitte April 1945 zwischen den beiden damals noch selbstständigen Gemeinden angelegt. Am 11. April beschlagnahmte die amerikanische Militärregierung eine etwa 30 Hektar große Ackerfläche östlich der Straße von Böhl nach Iggelheim (heute: L 528). In Richtung Iggelheim war das Lagergelände durch die Schifferstädter Straße (heute: L 532) und in Richtung Böhl durch die Bahnlinie begrenzt. Die Bauern, die hier bei der Feldarbeit waren, schickte man gegen zehn Uhr nach Hause. Etwa 50 Gefangene, die erst in der Nacht von Worms hierher gebracht wurden, begannen mit dem Aufbau des Lagers. Wobei die Amerikaner viel technisches Gerät einsetzten. Sie unterteilten die Lagerfläche in acht Abteilungen, jeweils durch breite Fahrstraßen getrennt. Die Straßen hat man dann mit Pflastersteinen befestigt, die die US-Armee bei der Bahnmeisterei Schifferstadt entnahm. In den Folgetagen entstanden Wachtürme und Scheinwerferanlagen; mit Maschinengewehren bewaffnete Soldaten sicherten die Anlage zusätzlich. An der Einfahrt zum Lagergelände sowie westlich der Straße Böhl-Iggelheim entstanden Baracken für das Aufsichtspersonal. Auch diese hatte man in Schifferstadt abgebaut, und zwar beim dortigen RAD-Lager. In den Unterlagen der US-Armee wird dieses Lager als »PWTE C1 Böhl« geführt. Es war zunächst für 10.000 Gefangene konzipiert und zum 8. Mai 1945 mit 30.713 Personen belegt.

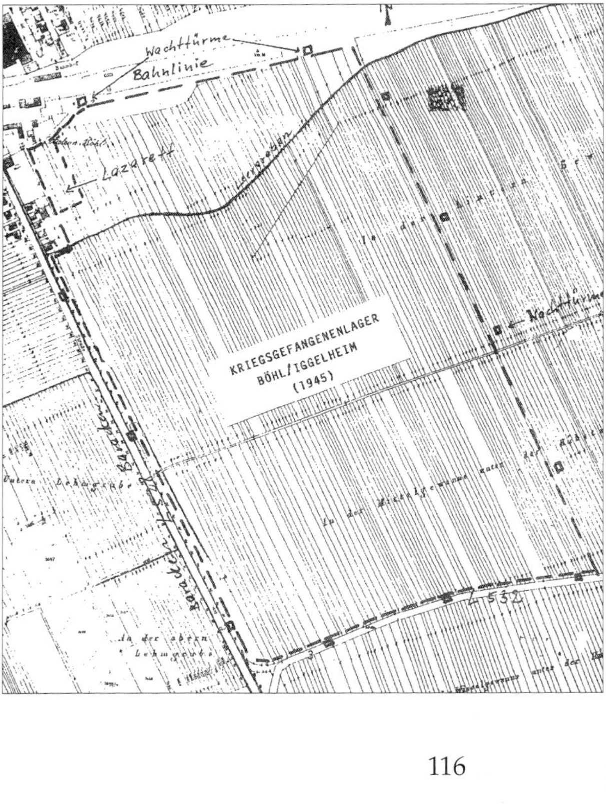

Lageplan des Lagers Böhl-Iggelheim (nach Nonnenmacher, S. 6/7)

Schon Mitte April wurden auf riesigen Lastwagen die ersten Gefangenen in das Lager gebracht. Die Gemeinde Böhl wurde verpflichtet, für Strom und Wasser zu sorgen und die hierzu notwendigen Leitungen zu verlegen. Da die Wasserleitung der Gemeinde aber unmöglich die Versorgung der Gefangenen gewährleisten konnte, bauten die Amerikaner in der Rehbachstraße in Iggelheim eine Wasseraufbereitungsanlage auf. Von dort aus fuhren Tag und Nacht Tankwagen zum Lagergelände. Zur Belegung des Lagers liegen leider keine genauen Zahlen vor. Nach Schätzungen von Inhaftierten kann man von etwa 50.000 Personen ausgehen. Der Gefangene Helmut Sennholz errechnete die Zahl von rund 48.000 Insassen, wobei er jedem der acht Camps rund 6.000 Gefangene zuweist. Für eine kurze Zeit waren in Böhl-Iggelheim auch mehrere hundert Frauen inhaftiert. In einem Pressebericht vom 2. Oktober 1995 ist von 70.000 Insassen die Rede.

Am Lagereingang befand sich ein kleines Lazarett mit etwa 100 Feldbetten. Die Ärzteschaft bestand aus Gefangenen. Auch hier war die medizinische Versorgung völlig unzureichend. Wer schwer erkrankte, war dem Tod geweiht. Dazu gesellte sich eine permanente Unterernährung. Nur die Gesunden überlebten diese Lager. Jeden Tag wurden Tote weggetragen. Immer wieder wird von Fluchtversuchen berichtet. Das war lebensgefährlich, denn die Wachen machten sofort von der Schusswaffe Gebrauch. Als ein Jugendlicher in einem Anfall von Verzweiflung auf das Lagertor zu rannte, gab es einen Warnruf und dann wurde geschossen. Den verwundeten jungen Mann ließ man am Tor liegen, bis der Tod eintrat. Niemand kümmerte sich um den Schwerverletzten.

Paul Kaps, der spätere Chefredakteur der »Rheinpfalz«, erinnerte sich an seine Gefangenschaft in Böhl-Iggelheim wie folgt:

»Böhl, Iggelheim. Da lagen wir nun auf dem Acker, umstellt von amerikanischen Posten, denen die Nervosität im Gesicht geschrieben stand. Tausende von deutschen Soldaten, dicht zusammengedrängt, denen wohl nicht zu trauen war. (...) Eine neue Erfahrung. Unser Bewegungsspielraum war dramatisch eingeengt. Wir hatten zu tun oder zu unterlassen, was man uns vorschrieb. Langsam erst konnte man sich mit dem Gedanken vertraut machen, man musste es ja zwangsläufig, dass man nicht mehr frei, nicht mehr Herr eigener Entschlüsse war, sondern einer fremden Gewahrsamsmacht, der amerikanischen Armee, bedingungslos ausgeliefert war: Kriegsgefangener (...) Wir schlossen uns zu kleinen Gruppen zusammen. Es war alles vertreten: Piloten, Artilleristen, Pioniere, Männer der Organisation Todt, junge Arbeitsdienstler, Panzerleute, Männer der Waffen-SS und sogar einige Marineleute (...) Außerhalb des Lagers war ein großes Zelt aufgebaut, von dem eine Rot-Kreuz-Flagge wehte. Eine Art behelfsmäßiges Lazarett also. In einigem Abstand rings um das Lager

hatten die Amerikaner Teerfässer aufgestellt, die sie wohl auf dem Bahngelände entdeckt hatten. Auf diesen Fässern postierten sie ihre Maschinenwaffen. Pro Fass drei Soldaten ›Besatzung‹. Das war der äußere Ring.«

(Quelle: Nonnenmacher, 2007, S. 7 nach Rhein-Pfalz Ausgabe vom 15.4.1985)

Ein prominenter Gefangener war der spätere Speyerer Weihbischof Gutting, der *»nur durch drei Russland-Winter abgehärtet, die Zeit im Lager überstanden hat«*. Im Lager verstorben ist der Chefredakteur der SS-Zeitung »Das schwarze Korps«, August Gmelin. Nach Aussage seines Sohnes an den Schlägen der Amerikaner bei einem Verhör. Ein weiterer bekannter Insasse in Böhl-Iggelheim war Heinrich Kröher, später bekannt geworden als Mitwirkender beim Duo Hein & Oss. Er berichtete folgendes:

»In Ludwigshafen setzte sich ein scharf bewaffneter Jeep hinter uns und blieb dort als Aufpasser hinter dem Fahrzeug. ›Aus ist's mit dem absteigen‹ war mein Gedanke. Wir fuhren gen Westen auf das Haardtgebirge zu (…) Am 14. April 1945 fuhren wir gegen 17 Uhr von Norden kommend die Dorfstraße nach Süden (…).
Zwischen Straße und Bahnlinie werden wir abgeladen. Panzer, überschwere MG auf Dreibeinen umstehen die grünen Äcker. Stacheldrahtrollen liegen auf dem Erdboden, begrenzen das provisorische Sammellager, die Panzer bilden die Ecken eines Viereckes, das ist etwa 200 Meter im Quadrat.
Neuzugänge jeden Tag; das Lager wächst mit jeder Stunde. Zäune werden hochgezogen, vielfach gestaffelt und mit Alarmleitungen dazwischen, Wachtürme mit Scheinwerfern und schwerem MG streben hervor. (…) Tausende von Kriegsgefangenen werden hineingetrieben (…) Ungarn und Rumänen sind darunter und singen in den kalten Nächten ihre schwermütigen Lieder. Aus Hunger haben die Landser Löwenzahn gegessen.«

(Quelle: Nonnenmacher, 2007, S. 37 nach einem Exposé von Heinrich Kröher, Pirmasens)

In den benachbarten Dörfern versuchte man zu helfen, soweit dies möglich war. So führte das DRK eine Sammlung für die Gefangenen durch, woran die damalige Rot-Kreuz-Schwester Frieda Noz beteiligt war. Lebensmittel, Kleidung und Decken füllten vierzehn Fuhrwerke. Sie wurden den Amerikanern auch übergeben, kamen aber nicht zu den Gefangenen. Die Amerikaner übergossen die Sachen mit Benzin und zündeten sie an. Es gab aber auch andere Beispiele. Ein Gefangener erinnert sich daran, dass bei einem Transport eine Bauersfrau einen großen Laib Brot auf einen Wagen warf. Sie verfehlte aber ihr Ziel und der Laib landete auf der Straße. Der folgende LKW hielt kurz an, ein Schwarzer sprang heraus, nahm das Brot und warf es den Gefangenen zu. Schnell hatte sich unter den Gefangenen herum gesprochen, dass die dunkelhäutigen US-Soldaten die menschlichsten Züge zeigten. Sie verlangsamten sogar verschiedentlich die Fahrt, um die Aufnahme von Spenden zu ermöglichen. Was die Soldaten Hitlers, die einige Wochen zuvor noch der weißen Rasse ihren rechtmäßigen Platz an der Spitze der Völker gewaltsam einräumen wollten, in diesen Momenten dachten, ist uns nicht bekannt. Es ist gut möglich, dass die Afroamerikaner diese Landser mit einer der schlagkräftigsten Waffen der modernen Kriegsführung mental besiegten: Scham.

Ab Mitte Mai muss es mit der Verpflegung und mit dem Wetter besser geworden sein. Dies berichtet jedenfalls der Gefangene Gerhard Schneider aus Siegen. Sein Eintrag vom 10. Mai 45:

> *»Essen tadellos, Kekse, Weißbrot, einen halben Liter Bohnenkaffee*
> *Das Wetter ist prima die letzten Tage*
> *Es ist anständig heiß*
> *Heute bunter Abend im Lager.*
> *11.05.45: Gutes Essen im Lager.«*
> *(Quelle: Nonnenmacher, 2007, S. 64 nach Tagebuch Schneider)*

Fotos zum Lagerleben in Böhl-Iggelheim (bei Nonnenmacher, S. 31)

Wie zu den anderen Lagern, so lassen sich auch zu Böhl-Iggelheim weder genaue Belegungs- noch Todeszahlen ermitteln. Nachweislich sind hier 28 Angehörige des Volkssturms verstorben. Die Schreiner der beiden Orte haben insgesamt 60 Särge in das Lager geliefert. Dies steht im krassen Gegensatz zu den diesbezüglichen Aussagen einzelner Häftlinge, wo *»an einem Tag 240 Tote gezählt«* wurden (Schäfer, Schweinfurt), *»an einem Tag 70 Särge aus dem Lager gefahren wurden«* (Schneider, Liebenscheid). Auf den Friedhöfen in Böhl und Iggelheim sind aber nachweislich nicht mehr Bestattungen erfolgt als Särge geliefert wurden. Es gibt Vermutungen, dass Tote aus dem Lager im Odenwald beigesetzt wurden. Genannt werden die Orte Bensheim und Lindenfels. Dies ist allerdings bisher nicht bestätigt.

Bereits Mitte Juni begann die Verlegung und Entlassung der Gefangenen. Am 13. Juli 1945 war das Lager vollständig aufgelöst und es wurde von der US-Armee dem damaligen Böhler Bürgermeister Ludwig Freitag gegen 15 Uhr übergeben. Mit dem Abrücken der Lagerkommandantur gingen auch zahlreiche beschlagnahmte Häuser (Eisenbahnstraße, Jahnstraße, Gartenstraße, Bahnhofsstraße) wieder an ihre rechtmäßigen Besitzer zurück. Bis zur Übernahme durch die französische Militärregierung mussten die beiden Gemeinden für eine Bewachung des Lagergeländes Männer bereitstellen. Allein die von der Gemeinde Iggelheim abgestellten Männer leisteten dabei 3.850 Wachstunden. Am 27. August begann der Abbau der Baracken; im September folgte der Rückbau der Lagerstraßen (Abtransport der Pflastersteine). Noch im Dezember 1945 war die Gemeinde Iggelheim mit der Entsorgung riesiger Mengen Stacheldraht befasst. Heute erinnert ein Gedenkstein an das ehemalige Lager. Er wurde 1995 an der einstigen westlichen Lagergrenze errichtet.

Gedenkstein in Böhl-Iggelheim (Foto: Nonnenmacher)

7. Tod in den Lagern

Den Sterbezahlen in den Lagern kommen in der Diskussion und der Auseinandersetzung um die damaligen Geschehnisse eine zentrale Bedeutung zu. Zum einen, weil sich Neonazis an weit überzogene Zahlen klammern, um diese dann für ihre Zwecke zu nutzen und zu missbrauchen, woraus sie Legenden stricken und Hass säen. Zum anderen, weil es der objektiven Geschichtsforschung bisher nicht gelungen ist, verlässliche Zahlen vorzulegen. Nicht weil man daran kein Interesse hat oder sich nicht genug Mühe gibt, sondern weil es vielfach schlichtweg nicht möglich ist, genaue Angaben zu gewinnen. Die Rheinwiesenlager beweisen leider eindrucksvoll, wie wenig die Haager Landkriegsordnung von 1910 oder auch die Genfer Konventionen von 1929 nützen, wenn sie von den Kriegsparteien nicht befolgt werden können. Von rassenwahngesteuerten Nazis war eine völkerrechtliche Behandlung von Kriegsgefangenen kaum zu erwarten. Aber auch die Alliierten, und hier vorrangig die US-Armee, ließen im Umgang mit Kriegsgefangenen vielfach die Gebote der Menschlichkeit vermissen.

Im April und Anfang Mai 1945 war die Versorgung in den Lagern nur unregelmäßig und unzureichend, danach besserte sie sich langsam. Vor allem Verwundete und Kranke, die von den Amerikanern aus Lazaretten in Mitteldeutschland nach Westen geschafft wurden, überstanden in ihrer dünnen Lazarettkleidung oft nicht die Unterbringung im Freien bei Kälte und Nässe. Erst im Juni gab es ausreichende Essensportionen. Im Verlaufe von Mai und Juni erhielten alle Lager Latrinen, Küchen und Krankenreviere. Dreck, Nässe, Unterernährung und unhygienische Umstände führten zu Krankheiten. Verbreitet waren Lungenentzündung, Erfrierungen, Rheumatismus, Ischias, Bronchitis, Blasenkatarrh, Durchfall, Hungerödeme, Ruhr, Herz- und Kreislaufbeschwerden, Karbunkel und Krätze. Der Ausbruch von Seuchen wurde von den Amerikanern verhindert, indem sie das Trinkwasser chlorten und alle Gefangenen mit DDT entlausten. Die völlig unzureichende Hygiene leistete zudem dem Ausbruch von Infektionskrankheiten Vorschub.

Die von US-Stellen gemeldeten 3.053 Lagertoten, erfassen mit Sicherheit nicht alle Verstorbenen. Auch die von den deutschen Kommunen offiziell erfassten 4.537 Toten weichen weit von den tatsächlichen Sterbefällen in den Lagern ab. Eine erste fundierte Untersuchung zu den Todeszahlen legte die wissenschaftliche Kommission für deutsche Kriegsgefangenengeschichte vor, als deren Leiter Erich Maschke fungierte. Die Kommission war im Auftrag des Bundesministeriums für Vertriebene, Flüchtlinge und Kriegsgeschädigte tätig. Demnach waren in Lagern mit einer besonders hohen Sterblichkeitsrate ungefähr ein Prozent der Häftlinge umgekommen. Bei den rund 1,1 Millionen Inhaftierten in Rheinland-Pfalz ist demnach von einer Todeszahl von etwa 11.000 auszugehen. Auch dies bleibt aber spekulativ. Eine neuere Untersuchung für die beiden Remagener Lager, in der ein Drittel aller Gefangenen einsaß, bestätigt dieses Ergebnis und schließt höhere Todeszahlen für diese Region aus. Man kann heute feststellen, dass die Todeszahlen, die zahlreiche Gefangene für die Lager angaben, weit übertrieben sind. Als Beispiel sei ein Betroffener aus dem Lager Remagen zitiert: *»Es war viel vom Sterben die Rede und die Einlieferung in ein Lazarett galt als Todesurteil. Ich selbst habe jedoch nie einen Toten gesehen« (Aussage E. May vom August 2013).* Als jeweils niedrigste und höchste Schätzung der Opfer nennt der US-amerikanische Historiker Arthur L. Smith die Zahlen 8.000 und 40.000. Die Eheleute Spietz, die in Bretzenheim eine Dokumentationsstelle zum dortigen Lager aufgebaut haben, kommen nach jahrzehntelangen Recherchen zu einer Gesamttodeszahl von über 10.000.

Es gab die unterschiedlichsten Ursachen für das Sterben im Lager. Gefangene wurden bei Fluchtversuchen erschossen. Es gab tödliche Unfälle an den ungenügend abgesicherten Latrinen und durch Einstürze der selbst gegrabenen Erdlöcher. Massenschicksale waren dies aber allesamt nicht. Die mit Abstand häufigsten Todesarten waren, Hunger, Entkräftung oder Krankheit. Nach Aussage eines ehemaligen Gefangenen starben zumeist die ganz Jungen und diejenigene jenseits der Fünfzig. Die mangelnden hygienischen Verhältnisse in den Lagern trugen dazu bei, dass die Gefangenen erkrankten und zu geschwächt waren, um dies zu überstehen.

Den völlig überzogenen Schilderungen des Kanadiers James Bacque, der von Hunderttausenden von Toten in den Rheinweisenlagern spricht, widersprechen sämtliche Fachleute, die sich fundiert mit diesem Thema beschäftigt haben. So auch Overmans und Smith, der dem Kanadier sogar eine mehr als schlampige Arbeit unterstellt und dies zumindest bezüglich der tatsächlichen Todeszahlen auch völlig zu Recht. Overmans geht von einer Gesamtzahl zwischen 5.000 und 10.000 Toten aus und stellt daher fest, *»dass bei einer Belegung von einer Million Menschen in den Rheinweisenlagern von einem Massensterben keine Rede sein kann.«*

Diese Größenordnung findet auch die Zustimmung der Verfasser. Resmini geht außer dem Lager Bretzenheim (hier: 3,5 Prozent) von einer Sterblichkeitsrate unter den Gefangenen von 0,5 bis 0,7 Prozent aus. (Zum Vergleich: In Russland lag die Sterberate bei 20 bis 25 Prozent.)

Dass die in späteren Jahrzehnten errichteten Mahnmale an den ehemaligen Lagerstätten ihre Berechtigung haben, steht außer Frage. Tausende Menschen sind hier unter unwürdigen Umständen ums Leben gekommen. Versuche des Internationalen Roten Kreuzes, den Gefangenen zu helfen, wurden von den

Amerikanern behindert bzw. völlig unterbunden. Selbst der Zutritt zu den Lagern blieb dem IKRK verwehrt, da die US-Militärverwaltung in ihnen nur Störenfriede sah. Bei der Abweisung berief man sich gerne auf den DEF-Status der Gefangenen. Sogar Namenslisten, soforn diese überhaupt existierten, gab die US-Armee nicht heraus. Der Gefangene Helmut Sennholz berichtet allerdings vom Besuch einer Kommission am 29. April im Lager Böhl-Iggelheim. Diese Kommission habe die vorgefundenen Zustände unhaltbar genannt und Verbesserungen versprochen.

Tabelle zu den Todesopfern nach eigenen Recherchen:

Lager	Todeszahlen	Quelle
Remagen/Sinzig	1.247	Overmans, S. 278
Miesenheim	?	...
Andernach	78 (a)	Heyen, S. 306-308
Urmitz	0	...
Koblenz-Lützel	?	...
Siershahn	91	Gemeindearchiv Siershahn
Diez	13	Landeshauptarchiv Koblenz nach Standesamt Diez
Dietersheim	600	WASt Berlin
Biebelsheim	135	»Der Spiegel«, 40/1992
Bad Kreuznach (Bretzenheim und Galgenberg)	3.500 (1.953)	VdH Bad Kreuznach Böhme, 1972, S. 203 nach Angaben der Stadtverwaltung
Heidesheim	(284) 397	Overmans, S. 278, nach US-Angaben Böhme, 1972, S. 201 nach Stadtverwaltung Heidesheim
Mainz-Hechtsheim	177 5	Stadtarchiv Mainz Landtag Rheinland-Pfalz VI/560, 1968
Ludwigshafen-Rheingönheim	11 48	Schäfer, 1990, S. 13 Hochrechnung nach Archivlisten
Böhl-Iggelheim	60	Nonnenmacher, S. 68
Gesamt	6.362 (b)	

(a) in der Zeitspanne vom 13. Juli bis 24. September 1945
(b) nicht mit addiert wurden die Zahlen in den Klammern

8. Aufarbeitung der Geschehnisse

Ob der Deutsche im Ruhrpott Geschosse dreht oder sie im Oderbruch auf Stalins geknechtete Weltkriegs-Soldateska abfeuert, kümmert das Geschoss nicht. Die Metaphysik der militärisch-industriellen Kriegsführung fällt mit der Metaphysik des Geschosses zusammen und auf den deutschen Kriegsgefangen nieder wie die Donnerschläge des jüngsten Tags. Er steht nackt im Dunkel der menschheitsverrohenden Dynamik des totalen Krieges. Er ist Opfer der Geschehnisse, auf die er längst keinen Einfluss mehr hatte. Jedoch ist es allein Hitlers Weltunterwerfungsmaschinerie geschuldet, dass die Toten von Sinzig oder Biebelsheim das waren, was sie waren: stumpfe Schwerter.

Der Endsiegfanatiker will und muss bis zur letzten Patrone kämpfen. Insofern muss auch die Industrialisierung der letzten Patrone gewährleistet sein. Man kann Schwerter wieder schärfen und sie erneut in der Schlacht führen. Man kann sie auch einschmelzen und aus ihnen Hämmer machen, die Schwerter schmieden. So oder so, der Geist der Klinge bleibt dem Material immer erhalten. Der Krieg ernährt den Krieg, außer man entzieht ihm die Krieger, auf dass er erlischt. Ob die darbenden DEFs in den Rheinwiesenlagern, in der Fabrik oder im Schützengraben den Krieg, das Sterben, das Hungern, das Amputieren von Händen, Beinen und Füßen dies- und jenseits der Front noch verlängert hätten, ist irrelevant. Sie hätten!

Von den 3.097.000 Kriegsgefangenen in amerikanischer Gefangenschaft kamen etwa 7.000 ums Leben. Dies sind, in Prozenten ausgedrückt, 0,2 Prozent. In den Lagern der Sowjets kamen hingegen 35,8 Prozent der Inhaftierten ums Leben. Von den rund 5,7 Millionen Rotarmisten, die der Wehrmacht ab dem 22. Juni 1941 in die Hände fielen, haben aber nur 2,4 Millionen überlebt: eine Todesquote von 42,1 Prozent. James Bacque fabulierte von *»mehr als 900.000, wahrscheinlich mehr als einer Million«* Toten in den Rheinwiesenlagern. Diese Zahlen kann man nur als nichtig bezeichnen, doch haben sie leider dennoch zu vielen fehlgeleiteten Spekulationen geführt. Bacques *»vermisste Million«* ist nicht in den Rheinwiesenlagern zu suchen. Bei der gründlichen Arbeit der deutschen Suchdienste in den Nachkriegsjahren wurden fast alle Schicksale von im Westen vermissten Soldaten aufgeklärt. Fast alle Angehörige erhielten eine Mitteilung über den Verbleib ihrer Angehörigen.

Auch wenn in den ersten Nachkriegsjahren bei vielen Gefangenen die Meinung vorherrschte, dass die Rheinwiesenlager schlimmer gewesen seien als die KZs, setzte bald ein Umdenken ein. Ein Gefangener aus dem Lager Bretzenheim stellte schicksalsschwer fest:

»Diejenigen, die Bretzenheim überlebten, haben längst vergeben. Weil sie inzwischen erfahren haben, dass es Schlimmeres, Teuflischeres gab als Bretzenheim und dafür die eigenen Landsleute verantwortlich waren«.

(Quelle: Unterlagen im Dokumentationszentrum Bretzenheim)

Der Versuch, dem Krieg Regeln zu geben, gleicht dem Versuch, dem Sturm Regeln zu gebieten. Konflikte und Kriege vereinsamen das Individuum radikal. Jeder ist sich selbst der nächste, ob es der Hitlerjunge an der Oder ist oder das Oberkommando der Wehrmacht. Im Krieg regiert der Selbstschutz und damit einhergehend die Vernichtung des Gegners. Der Mensch erkennt im Gesicht des Anderen sich selbst. Der Krieger erkennt im Anderen sein Gegenteil, das er vernichten muss, damit nur er ist. Gibt man dem Krieg Regeln, entwindet er sich ihnen dennoch. Der Krieger ignoriert sie, verleugnet sie, setzt sich über sie hinweg, verklärt sie, gibt sie nur Teilen der Truppe als verbindlich aus, interpretiert sie nicht sinngemäß oder lehnt sie schlicht ab. Die Möglichkeiten, das Recht des Krieges zu umgehen, sind so mannigfaltig wie die Möglichkeiten, sich in selbigen die Köpfe zu spalten. Der saubere Krieg ist eine Schimäre der Geschichte und die USA trugen, wie alle anderen auch, die Bürde des Kriegers.

Indessen näherten sich die USA sich mit einigen wenigen Ausnahmen dem Geist der Genfer Konvention an. Ihr Ziel war die Befreiung Europas, die Verbannung der braunen Tyrannei in ihren Ursprungsort – die Gosse. Sie waren nicht darauf vorbereitet, dass ihnen ein halbes Land mit gestreckten Waffen in ihre Arme laufen würde, um nicht in Stalins Gulags zu enden. Die USA haben Schuld auf sich geladen, doch es ist die Schuld des Befreiers.

Ein Volk zu befreien, dessen Soldaten sich nicht zu schade waren, um sich noch im Morast der Rheinwiesenlager gegenseitig zu bestehlen und zu demütigen, muss vor allem auf der geistigen Ebene befreit werden. Inwiefern dies die Afroamerikaner, die den halbtoten Volkssturminfanteristen die Brotlaibe auf die LKWs warfen, erledigten, ist nicht bekannt und kann nicht mehr erforscht werden. Es wird für immer eine hochinteressante Fußnote der Geschichte bleiben.

Anhang

Verwendete Abkürzungen

Bd	Band
DEF	Disarmed Enemy Forces (entwaffnete feindliche Streitkräfte)
f.	folgende
Hrsg	Herausgeber
IKRK	Internationales Komitee des Roten Kreuzes
Nr	Nummer
o.A.	ohne Angabe
POW	Prisoner of War (Kriegsgefangener)
PWTE	Prisoner of War Transient Enclosures
Verf	Verfasser
VdH	Verband der Heimkehrer
S	Seite
SD	Sicherheitsdienst
SS	Schutz Staffel
WaST	Deutsche Dienststelle für die Benachrichtigung der nächsten Angehörigen von Gefallenen der ehemaligen deutschen Wehrmacht

Verwendete Literatur und Quellen

BACQUE, James: Der geplante Tod, Frankfurt/Berlin, 1989

BÖHME, Kurt W.: Die deutschen Kriegsgefangenen in amerikanischer Hand, München,1972,

BÖHME, Kurt W.: Geist und Kultur der deutschen Kriegsgefangenen im Westen, Band XIV zur Geschichte der deutschen Kriegsgefangenen des Zweiten Weltkrieges, Verlag Gieseking, Bielefeld / München, 1968

BUCHER, Heinz: Kriegsgefangenenlager in der Umgebung von Bingen, in: Binger Geschichtsblätter, Nr. 16, Historische Gesellschaft Bingen, e.V. Bingen, 1991

BÜHLER, Eberhard: Erlebnisbericht , unveröffentlichtes Manuskript, Benningen, 1992

GILLES, Reinhard: Geschichte der Gemeinde Urmitz

GROHS, Karlheinz: Die schwarze Madonna von Remagen, Verein Friedensmuseum Remagen, Remagen, 1993

GÜCKELHORN, Wolfgang / KLEEMANN, Kurt: Die Rheinwiesenlager Remagen und Sinzig, Helios-Verlag, Aachen, 2013

GUHR, Dr. Ekkehard: Das DEF-Lager Siershahn (Westerwald) Mai bis September 1945, in: Vierteljahreshefte für freie Geschichtsforschung, 1998

HAFFKE, Jürgen, KOLL, Bernhard: Sinzig und seine Stadtteile – gestern und heute, Stadt Sinzig, Sinzig, 1983

HEYEN, Franz-Josef: Andernach, Geschichte einer rheinischen Stadt, Stadtverwaltung Andernach, 1994

KLEEMANN, Kurt: Die Kriegsgefangenenlager Remagen und Sinzig 1945 aus der Sicht kommunaler Aktenbestände, Jahrbuch für Westdeutsche Landesgeschichte (20), 1994, S. 451 f.

KUMPMANN, Christoph: Erlebnisbericht Rheingönheim, Unveröffentlichtes Manuskript, Göttingen, 1992

KRIEMER, Fritz: Kriegsgefangenenlager Bretzenheim und Mainz-Hechtsheim 1945, unveröffentlichter Bericht, 2006

KÜRTEN, Hans Peter: Kriegsgefangen in Remagen, Friedensmuseum Remagen, Remagen, 1986

LAMP, Florian: Das Kriegsgefangenenlager der Amerikaner und Franzosen in Siershahn, unveröffentlichte Facharbeit, Siershahn

LINDNER, Christian: Für zehn Gefangene gab es eine Schnitte Brot, in: Westerwälder Zeitung vom 24.05.1995
MANE-KLAESER, Katrin: Hunderte verhungerten, in: Westerwälder Zeitung vom 9.4.2005
MANN, Fritz: Frühling am Rhein anno 1945, Das Drama deutscher Krieggefangener im Lager Remagen-Sinzig, Frankfurt, 1950
MICHELS, Willi K.: Die Heimat in Scherben, Serie der Rhein-Zeitung, 1985
MÜLLER, Christian: Erzwungene, gelebte, vergessene Nachbarschaft!?, Die Kriegsgefangenenlager in Heidesheim 1945/46, Eigenverlag, Heidesheim, 2013
NONNENMACHER, Eugen: ... gefangen, Augenzeugenberichte zum Lager Böhl-Iggelheim, Eigenverlag, Böhl-Iggelheim, 2007
OVERMANS, Rüdiger: Ein untergeordneter Eintrag im Leidensbuch der jüngeren Geschichte?, Die Rheinwiesenlager 1945, in: Hans-Erich Volkmann (Hrsg.): Ende des Dritten Reiches, Ende des Zweiten Weltkriegs, Eine perspektivische Rückschau, Piper-Verlag, München/Zürich,1995
RESMINI, Bertram: Lager der Besatzungsmächte in Rheinland-Pfalz, in: Jahrbuch für westdeutsche Landesgeschichte (Festschrift für Franz-Josef Heyen zum 65. Geburtstag), Nr. 19, Landesarchivverwaltung Rheinland-Pfalz, Koblenz, 1993
SCHÄFER, Klaus: Die deutschen Kriegsgefangenlager in Andernach und Miesenheim 1945, Andernacher Beiträge Nr. 9, Stadtmuseum, Andernach, 1991
SCHÄFER, Walter: Das Kriegsgefangenlager Ludwigshafen-Rheingönheim, Versuch einer Dokumentation, unveröffentlichtes Manuskript, Rheingönheim, 1990
SCHEH, Ludwig: Siershahn war die Hölle, in: Rhein-Lahn-Freund, Heil-Verlag, Bad Ems, 1970
SCHEINERT, Gerhard: Vom Camp Hechtsheim nach Marienborn, unveröffentlichter Bericht, Schifferstadt, o.J.
SCHIFFMANN, Dr. Dieter (verantw.): Kriegsgefangenenlager 1939-1950, Landeszentrale für politische Bildung RLP, Mainz/Osthofen, 2012
SCHNEIDER, Carl: Erinnerungen an Heidesheim, Eigenverlag, Alzey, o.J.
SCHREIBER, Dr. Ernst Martin: Kriegsgefangenenlager Dietersheim, in: Heimat am Mittelrhein, Beilage der Allgemeinen Zeitung, 12/1965-01/1966
SCHUSTER, Gertrude Maria: Die Kriegsgefangenenlager Galgenberg und Bretzenheim, Stadt Bad Kreuznach, Bad Kreuznach, 1987
SEGSCHNEIDER, Ernst Helmut: Jahre im Abseits, Rasch-Verlag, Bramsche, 1991
SMITH, Arthur Lee: Die vermisste Million, Zum Schicksal deutscher Kriegsgefangener nach dem Zweiten Weltkrieg, München 1992, (Schriftenreihe der Vierteljahrshefte für Zeitgeschichte, Bd. 65)
SCHWEITZER, Mark: Amerikanische Kriegsgefangenenlager am Ende des Zweiten Weltkriegs, dargestellt am Beispiel des Lager Bretzenheim, Diplomarbeit für die Universität der Bundeswehr, München, 1998
WALTER, Richard: An diesem Ort stelle ich ein großes Kreuz auf, in: Rhein-Zeitung vom 30.03.1995
WERNER, Erich: Kriegsgefangenenlager Bretzenheim, ein Bericht, Ortsgemeinde Bretzenheim, Bretzenheim, 1993
ZIMMERMANN, Ekkehard: Internierungslager in der amerikanischen Besatzungszone, in: Franz W. Seidler, Alfred de Zayas (Hrsg.) Kriegsverbrechen in Europa und im Nahen Osten im 20. Jahrhundert, Hamburg 2002, S. 256-258.

Die Autoren:

Carsten Gerz
Geboren 1985 in Limburg/Lahn, aufgewachsen in Oberrod/Westerwald, Abitur 2004 in Westerburg, danach Zivildienst beim DRK. Seit 2006 Studium; zunächst in Mainz und Trier, ab 2009 Kulturwissenschaft in Hagen. Zusammen mit Wolfgang Gerz 2009 Gründung der Schreibwerkstatt SCHRIFT:gut in Westernohe. 2010 Erstveröffentlichung »Ein Schuss in den Hinterkopf«, 2012 folgte das Seniorenbuch »Waast de noch, wie et freuer woar«, 2013 eine Untersuchung zu den Hexenprozessen »Werwölfe – männliche Hexen im Westerwald« (jeweils zusammen mit W. Gerz).

Wolfgang Gerz
Geboren 1951 in Rennerod/Westerwald, aufgewachsen in Westernohe, seit 1980 wohnhaft in Oberrod. Mittlere Reife in Limburg, Banklehre, Fachstudium DV-Betriebswirt. Mehr als 30-jährige Tätigkeit im öffentlichen Dienst (Bad Ems, Wiesbaden); die letzten Jahre davon als Journalist. Seit 1982 nebenberufliche Mitarbeit bei der »Rhein-Zeitung« und Herausgabe heimatgeschichtlicher Veröffentlichungen. Ab 2009 im Rahmen der Schreibwerkstatt SCHRIFT:gut. 2013 Veröffentlichung des Westerwaldkrimis »Blattschuss bei St. Wendelin«.